サンタはなぜ配達料をとらないのか?

Why Doesn't Santa Charge for Delivery?
13 Ways to Brighten Your Business Life

宮本 日出
Hizuru Miyamoto

目次

はじめに

サンタはなぜ配達料をとらないのか？（作業とミッションのある仕事の違い）

私は歯科医療を通して、社会へ貢献したいと考えています。

その夢を実現すべく、埼玉県で歯科医院の運営をしています。


突然ですが、私は採用面接を行うとき、必ず質問することがあります。

たとえば、まったく同じ勤務条件の歯科医院が２軒あったとしたら、みなさんはどちらの歯科医院を選びますか？


「A歯科医院」と「B歯科医院」。

普段の勤務における募集要項はまったく同じなので、それだけではどちらの歯科医院を選択するか決められません。

しかし、備考欄をみると、２軒には異なった内容が書かれていました。

「A歯科医院」

12月24日の真夜中に、荷物の配達をしてください。

悪天候でも決行します。

玄関から入らず、誰にも気づかれないように届けてください。

ただし、お給与は支給しません。


「B歯科医院」

12月24日には、サンタクロースになってください。

そうっとちびっこにプレゼントを届けましょう。

配達のときは、エントツから入ってください。

ちびっこの笑顔がご褒美です。


どちらも内容は同じで、要求しているのは「真夜中の宅配」です。

あなたはどちらの歯科医院で働きたいと思いますか？

そして、ふたつの歯科医院の大きな違いは、いったいなんでしょう。


その違いを見つけるために、本書をお読みください。

答えが見えたら、あなたの人生の景色が変わります。

サンタクロースは、決して配達料はとりません。

どうして配達料をとらないのか、本当の理由を知るための扉を、一緒に開いてみましょう。

サンタとオレのWAKUWAKUレッスン

第1章

仕事がつまらないのは
なぜだろう

「やりたいのにやる気が出ない」ときのあなたに欠けているもの

一度きりの人生だから、ずっとワクワクしていたい。

自分が主役の、キラキラとした人生を歩みたい。

私はいつもそう思っていて、より多くの人が、充実した毎日を送るための手伝いをして輝きたいと考えています。

普段の私は歯科医として働いていますので、医療によって患者さんを幸せにすることが、直接的なお手伝いです。

でも、私にできるお手伝いとは、治療を施しているときだけではありません。

出会った人を、サンタクロースへ変身させるためのお手伝いも大事な使命なのです。


みなさんは、どうしても「モチベーション」が上がらなくなり、悩んだことはありませんか？

受験、テスト、レポートにスポーツ、芸術活動……。

勉学や仕事など、自分でやりたいと思って飛び込んだ道なのに、これ以上前に進めないかもしれないという不安や挫折感に襲われてしまう。

このような苦しい時期を、誰もが一度は経験するのではないでしょうか。

この本の読者の中には、諦めてしまったことがある人もいるでしょう。

それは、なにかを新たに学んだり、技術習得のために頑張ろうとしたときに立ちはだかる、悔しい壁です。


今まさに、「このまま続けられるかな」と思い悩んでいる人もいるでしょう。

そうした人に、私は、自身が実践してきた『幸せになる13の行動』のなかから、その人に必要なものをアドバイスします。

一緒に取り組みながら、夢を叶える手伝いもしていきます。

『幸せになる13の行動』は、毎日の何気ない場面で、誰でも意識的に行うことができることばかりです。

そして、『幸せになる13の行動』を実践することで、モチベーションを維持したり、ほかの誰かをワクワクさせ、サンタクロースになることができるのです。


具体的な経験談を紹介しましょう。

私の職場には、歯科助手として働きながら、歯科衛生士を目指すスタッフがいます。

そのスタッフは、「仕事と勉強、プライベートを両立させるのは、体力的に負担がかかる。どうしても、勉強への集中力が途切れてしまう」と、弱音を吐くことが増えました。

いわゆる、モチベーションが下がってしまった状態です。

そのとき、私はじっくりと話を聞いて、不安に思うこと、辛いと感じることを一緒に整理しようと提案しました。

すると、あるものを見失っているのだと気づくことができたのです。


私は、シンプルな質問をしました。

「今、夢を叶えて歯科衛生士になったとしましょう。では、あなたはなぜ歯科衛生士になったのですか？どんな歯科衛生士として働いていますか？」と。

すると、モチベーションが下がっていたスタッフは、「歯科衛生士になって、今よりも知識や技術を身につけたい。ひとりでも多くの患者さんの不調を取り除き、毎日を健康で楽しく過ごしてもらいたいです」と答え、はっとした顔をしました。

その後、スタッフは再びモチベーションを上げて、熱心に勉強に取り組みはじめます。


このスタッフは、なにに気づいたのでしょう。

私はこのとき、モチベーションを上げるために大切なことを教えたのではなく、大切なことを思い出してもらいました。

先ほどのシンプルな質問です。


モチベーションが下がる多くの理由は、やっていることが「作業」になってしまうから。

ただ勉強をしなければならない。

ただ、野球の練習に参加しなければならない。

そうした「目的のない作業」では、誰だってモチベーションが下がります。

例のスタッフのみならず、私も学生時代は勉学だけでなく、スポーツにもうちこみました。

学費と生活費をまかなうために、さまざまなアルバイトも経験しました。

みさなんと同じように、なにかに追い込まれるような、苦しい時期も体験しています。

結果が思うように出せず、焦り、モチベーションが下がって苦しんだのです。

そんな時期を乗り越え、今でも勉強の日々を送る理由は、「はっきりとした目的、目標」があるからです。


歯科衛生士を目指すスタッフが再起したきっかけは、「歯科衛生士になった自分はどんな人で、どんな影響を周囲に与えているのか」という、具体的な目標を意識できるようになったから。

その結果、再びモチベーションを上げることができました。

モチベーションがいまいちでなにも続かない、変わらないと感じる人は、「なんのためにやるのか」という、具体的な目的を見出しましょう。

目的に主体性がないと、「モチベーション」はブレてしまいます。

目的がはっきりとしていれば、自然と「やりたい」と感じます。

このように、明確な目的や社会での役割を、私は「ミッション」と呼びます。

一人ひとり違った「ミッション」があり、共有すべき「ミッション」も世の中にはあります。

この「ミッション」を見つけることは、『幸せになる13の行動』のなかの、大切なひとつです。

「ミッション」を達成したり、継続するためにはモチベーションの維持が欠かせません。

モチベーションを維持するためには、「ミッション」が欠かせません。

使命という意味でもある「ミッション」。

今すぐに自分のミッションが思い浮かばない人もいるでしょう。

でも、大丈夫です。

そのような人のために、この本では「ミッション」を探す方法や、まだ紹介していない『幸せになる13の行動』について綴っていきます。

どうか安心してください。

サンタとオレのWAKUWAKUレッスン

「目的があるのにやる気がでない」あなたは、3つのポイントを見直そう

はっきりとした目的や目標があっても、どうしてもモチベーションが上がらないときがあります。

なぜか人間関係がよそよそしくなっている気がしたり、病気を患ったわけではないのに体が重く感じたり……。

パッとしない日などが続くと、夢や希望を叶えるための時間まで、輝きを失ってしまいそうです。

頑張ろう！　という意志はあるのに、なぜかペースが乱れてしまう経験、私にもありました。

大事な試験を控えているのに、どうしても勉強に集中できない。

机に向かっても、やる気が起きない。

そのようなときに限って、仲間とも楽しい会話が生まれず、リフレッシュする場所がないのです。

今回こそ、本当にモチベーションが下がってしまったのかな、などと考えていたとき、ふと鏡が目に入りました。

そこに映っていたのは、モチベーションも逃げ出したくなるような、暗くてつまらなさそうな自分。

背中を丸めて疲れをにじみださせた、カピカピに干からびたような自分の姿。

このときの私の表情は、目に覇気がなく、なにかに不満を感じていそうな暗い顔でした。

これでは、私が仲間と楽しい時間を過ごしたいと思っていても、誰も話しかけようとは思いませんよね。勉強しようとテキストを広げても、背中を丸めた姿勢で座っていては、「勉強モード」に気持ちが切り替わるはずがありません。

どれだけなりたい自分を強く思い描いても、これではキラキラとした人生や、ワクワクにあふれた出会いはやってこないと気づき、私はモチベーションが上がらない自分の姿を観察しました。

そして、マイナスにしか映らない３つのポイントを、意識的にプラスへ変えてみることにしたのです。

まずひとつ目は、「表情」です。

「表情」は、心の鏡とも言います。

言葉に出さなくても、心で感じていることは表情に表れるもの。

そこで、優しく柔らかい表情を作ろうと決めました。

眉をひそめず、目元の緊張をほぐして口角を少し上げるだけで、雰囲気がガラリと変わるので簡単です。

表情を和らげると、自然と肩の力が抜けて気持ちも穏やかになります。

そうすると、自分の気持ちが明るくなるだけでなく、周囲に与えるイメージもプラスに変えてくれるでしょう。

今から、鏡で顔をよく見てください。

疲れた顔をしていませんか？　つまらなそうな顔をしていませんか？　活気のある顔ですか？

自分の表情に良くない印象を得たときは、周りの人も同じ印象を受けています。

ひょっとしたら、仲間と過ごす時間の雰囲気を、あなたが悪くしているかもしれません。


接客業など、人と接する仕事に携わっている人は、日頃から笑顔でお客様と接しなさいと教育を受けているはずです。

なぜ笑顔を意識するのでしょう。

なぜなら、「ようこそお待ちしておりました」と無表情で言われて、歓迎されているような気持ちになる人はいないからです。


服を買いに行って試着をしたいと伝えたとき、店員さんに不機嫌そうな表情で「どうぞ」と言われたら、試着はしないほうがいいのかなと遠慮したくなります。

人によっては、カチンとくるのではないでしょうか。

不機嫌顔ではなく、ポーカーフェイスを気取っているんだという人も、中身が伴わなければモテません！

表情は自分にも、周囲の人たちにも、「心の変化をもたらすもの」だと覚えておきましょう。

ふたつ目は、「言葉」です。

「言葉」も表情と同じように、マイナスな言葉や汚い言葉は自分自身に跳ね返ってきます。

私は「モチベーションが上がらない」と言うことで、自分のモチベーションを下げていることに気がつきました。

「できない」と言えば、本当はまだ先に進めるものも、できなくなります。

自分で「できない」と思い込むことになり、成長の道への入り口を閉ざしてしまうのです。

よく、「彼女できないから、女の子紹介してよ」と軽々しく言う人がいますが、自分から出会いを求めようとしない人に、彼女はできません。

たとえ良い人がいても、紹介するのが不安になります。

また、「私は美人じゃないから彼氏ができない」、「俺は収入が低いから彼女ができない」などと言う人は、永遠に自己評価を下げ続けることになります。

繰り返し聞かされている人も、もうフォローしても無駄だなと愛想を尽かすでしょう。

思い込みによって自信を失うと、表情が乏しくなり、マイナスの連鎖につながります。

すると、本当に表情美人ではなくなってしまうし、仕事を任せようと思っていた人がいたとしても、やる気のある別の人に任せようと嫌厭《けんえん》され、良いことが遠ざかります。

その反面、プラスの言葉を意識した会話や考えごとをすると、プラスで返ってくるでしょう。

「今日もバイト先で、10人のお客さんに喜んでもらうぞ！」とか、「今日も予定通り勉強ができて、理解が深まった」など、具体的な言葉を思い浮かべるだけでも変わってきます。「イケメンと出会うために、ダイエットを成功させるんだ！」という下心が動機でも、人生がプラスに向かうなら良いと思います。

嘘だと思っても、まずは意識して実践してみてください。

最後の3つ目は、「態度」です。

「態度」は心の持ちようを、はっきりと見せることができます。

まれに、意図的に態度を悪く見せて、周りを威嚇する人がいますね。

おとなは礼儀正しく、スマートな態度を心がけたいものです。

丁寧な挨拶や姿勢を意識すると、相手は心地よく感じてくれるでしょう。

自分の心にも、ゆとりが生まれます。

逆に、粗雑な振る舞いをすると、自分の心も荒れてきます。

若い頃の反抗期などは、良い例ではないでしょうか。


学生時代の私にも、ちょっと生意気の盛りがやってきました。

学校へ行かず遊び歩き、仕送りをあっという間に使い果たすような生活をしていたのです。

よろしくない生活態度は、表情や言葉と同様、自分に跳ね返ります。

背伸びして遊びに使った仕送りを、アルバイトで補填しなければ一人暮らしができません。

大学で勉強を続けることもできません。

私は結果的に、勉強とアルバイトに追われることになったのです。

自業自得だと言われてしまえば、返す言葉はありません。

でも、真面目に勉強や仕事に取り組んでいる人のなかにも、マイナスの態度をとっている人がいます。

そして彼らは、モチベーションが上がらないと戸惑うことになるか、すでに内心で戸惑っていることでしょう。


冒頭で、背中が丸まった自分の姿を鏡で見たと述べましたが、背筋が伸びると、不思議とパワーがみなぎってきます。

集中力が続かなかったり、モチベーションが上がらないときは、姿勢を正して座りましょう。「よし、やろう」という気持ちへ、自然と切り替わります。

仕事場にいる仲間への返事も、元気にハイと言いましょう。

挨拶も、少し立ち止まってお辞儀をするなど、自分がされたら嬉しい行動、見ていて気持ちの良い態度を意識します。

すると、自分に自信が持てるようになり、「お、あいつはやる気があるな」と周りからの好感度も高まるでしょう。

この3つのポイントは、当たり前のことのように思うかもしれません。

ですが、切羽詰まったときは、意識をしないとプラスにできなくなります。

慣れるまでは、強く意識しなければならない人もいるでしょう。

でも、モチベーションを上げたいと思う人は継続してやるべきです。

実践することで、あなたの仲間にとって居心地の良い場所を、あなたがつくりだすことができます。

とくに、仲間のための居場所づくりは、リーダー的立場の人にとって欠かせない役割のひとつです。

自身のモチベーションにかかわらず、常に率先して実践してください。

さらにこの３つのポイントは、『幸せになる13の行動』のなかに含まれる重要な３項目です。

ぜひ今日から、「表情」、「言葉」、「態度」をプラスに向けるコントロールをして、自分と仲間のモチベーションを上げましょう。

幸せになる13のキーワード［1］～［3］

［1］表情

［2］言葉

［3］態度

はっきりとした目的や目標があっても、どうしてもモチベーションが上がらないときがあるでしょう。

そんなときは、3つの表現をプラスに見せることを意識すると、気持ちにハリが出てきます。

重要なのは、無意識にだらしない表現をしがちな、「表情、言葉、態度」の見直し。暗い顔をしていませんか？　できない、無理だと、マイナスなことばかり言っていませんか？　けだるい態度、横柄な態度になっていませんか？

Q　クリスマスの晩にしか配達をしないサンタクロース。休みが長いと、配達が面倒だと思う年はない？

A　サンタクロースは、クリスマスの晩だけ仕事を

しているのではありません。クリスマスの配達を終えるとすぐに、翌年の準備に一年を費やします。

世界中の子どもたちの欲しいものをリサーチし、おもちゃを作るための素材を集め、組み立てて色を塗る。同時にトナカイの世話や、ソリの修理、ヒゲの手入れをしています。

たった一日のための準備期間はとても忙しいのに、誰にも褒めてもらえません。内緒だからです。

それでもサンタクロースが配達を嫌にならないのは、自らの行動、見せ方を意識的にプラスに働かせているから。

いつもニコニコ、優しく明るい言葉遣い。丁寧に物を扱い、身支度をきちんと整えることで、毎日のモチベーションを維持しています。

だから、配達が面倒だなんて思いません。むしろ、楽しみでなりません。

モチベーションを上げ続けた先になにが見えるのか

もしもサンタクロースから、「プレゼントを配達する」モチベーションが消えてしまったら……。

世界中の子どもたちはクリスマスの楽しみを失い、笑顔まで失うことになりますよね。

サンタクロースは、毎年どのようにしてモチベーションを維持しているのでしょう。

サンタクロースの秘密を暴く前に、モチベーションを上げた状態を継続させると、具体的にどんなことができるでしょう。

医療従事者としてのミッションを見つける前の私は、「歯科医になり、オープンカーに乗って女の子に囲まれている自分」をイメージできたから、歯科大学の受験合格を必死で目指しました。

聞く人によっては、なんて不純な動機だと思うかもしれません。

でも、私はいたって真面目でした。

結果的に大学へ進学し、歯科医を志すうちに本当のミッションを見つけることができたのですから、最初の動機は不純と思われるぐらいのほうが、長続きするのかもしれません。

でも、この例は、モチベーションの継続で得られたもののたとえとしては、極端な話です。もっとわかりやすい例をご紹介しましょう。

みなさんは、夏の高校野球をテレビなどで観戦しますか？　母校や出身地の学校を応援するという人は、多いのではないでしょうか。

私も例外ではありません。

出身地の石川県の予選から決勝、全国大会まで目が離せなくなります。

近年、とくに印象的だったのは、２０１４年高校野球、石川県大会の決勝戦です。

この決勝から、翌年の２０１５年石川県大会の結果は、スポーツ紙やニュースなどで話題となりましたので、記憶にある人もいるでしょう。

あまり野球に詳しくない人も、モチベーションの維持がなにをもたらすのかを知るために、ぜひ読み進めてください。

【２０１４年の石川県大会・星稜高校編】

２０１４年の石川県大会は、県内の野球強豪校として名高い星稜高校と、小松大谷高校が決勝で対戦しました。

暑い真夏のグラウンドでのプレイは、1試合出場するだけでも精神と肉体を疲弊させるでしょう。

実際に9回裏直前の星稜高校は、小松大谷高校相手に0対8のリードを許していました。

正直、誰もが星稜高校の敗退を予測していたことでしょう。

でも、9回裏開始直前、劣勢の星稜高校の選手たちは笑顔でした。


負けが見えているというのに、なぜ笑っていられるのかと不思議に思いましたが、これこそモチベーションを上げる3つの方法のひとつ、「表情」をプラスに変えることを実践していたのです。

彼らは、「笑顔でいれば前向きになれる」ということを、その年のスローガンにしていて、チーム一丸となってモチベーションを上げました。

すると、星稜高校は驚異の追い上げを見せて9点を獲得。

試合終了時は、小松大谷高校を8対9で下し、全国大会への切符を手に入れました。

この試合で見せたモチベーションの高さは「瞬発的」なものです。

また、日頃の厳しい練習の成果でもあります。

練習なくして、瞬発的なモチベーションの高まりは期待できません。


一方で、勝負に敗れた小松大谷高校の選手は、9回裏までのリードで勝利を予感し、油断してしまっていたのかもしれません。

その矢先、予想だにしない猛攻を受け、ペースを乱して「負け」への不安に駆られてか、モチベーションを下げてしまいました。


そんな小松大谷高校の野球部員たちは、負けたことで、翌年は必ず星稜高校に勝てる野球をするという「ミッション」を見出します。

チームを率いていた西野監督もまた、「親父（菊池前監督）を甲子園に連れて行くことが現役時代も、監督となってからも夢なんです（出典・現代ビジネス「小松大谷ナイン、監督の話に記者もおもわず涙、甲子園は遠かった）」とリベンジを誓い、翌年に向けての猛特訓を開始しました。


【２０１５年の石川県大会・小松大谷高校編】


ついに迎えた２０１５年石川県大会準々決勝戦。

前年度と同様、星稜高校と小松大谷高校の選手がグラウンドに集まります。

この試合では、９回表まで星稜高校が３点リード、小松大谷高校は０点のままでした。

前年の悪夢再びかという空気の中、小松大谷高校の選手たちは、悔しさをバネにリベンジを誓い、１年間練習に耐えてきた成果を発揮します。

なんと、最終局面で4点獲得し、今度は3対4のサヨナラ勝ちを決めたのです。

小松大谷高校の野球部員たちは、次は勝つという強い闘志から、モチベーションを「継続」させてきました。

モチベーションを継続させた結果、彼らは念願の星稜高校から勝利を得ることができたのです。

モチベーションを継続して得られるものは、個人が夢を叶えたり、目標を達成することだけではなく、集団の中での目標達成も可能にします。

それぞれが日々トレーニングをすれば、ここぞというときの「瞬発的」な力を発揮することも可能にするでしょう。

ただし、「瞬発的」なモチベーションの高まりから得られる成果だけを期待しても、うまくいかないでしょう。

モチベーションの「継続」あってなせる技ですから。

また、モチーベーションの継続を維持する2校の戦いは、3度目の熱いドラマを生み出しています。

【２０１６年の石川県大会・星稜高校編】

２０１６年石川県大会の準決勝も、星稜高校対小松大谷高校が対戦しました。

３年連続でのドラマです。

過去２年、奇跡の逆転劇を目の当たりにしているものですから、今回も目が離せませんでした。

２０１５年度、石川県大会での優勝を逃した星稜高校は、甲子園の常連校でした。一方の大谷小松高校は、過去の甲子園出場実績は一度だけです。

星稜高校の選手たちは、翌年２０１６年度の甲子園出場という大きな目標を掲げるのはもちろん、そのステップの中で、「大谷小松高校」との一戦を意識して練習をしてきたそうです。

結果は、４対８で星稜高校の勝利。

一年間、甲子園出場という大きな目標だけでなく、道のりのなかで「大谷小松高校」に勝利するという、具体的目標があったから、達成できたのでしょう。

大きな目標ばかりに気が向いてしまいますが、その目標を達成するためにステップを刻み、ステップごとの目標を掲げたほうが、モチベーションの持続には効果的だということですね。

過去3大会の中で、小松大谷高校の選手たちがモチベーションを継続させられた理由は、「悔しさ」というマイナスの感情から、「リベンジ」して星稜高校に勝つというプラスのミッションがあったからです。

2014年に星稜高校の選手たちが栄光を手にすることができたのは、日頃から自らのコンディションをプラスにして、瞬発的にモチベーションを上げる練習をしていたから。

このように、日々モチベーションの継続を行っている球児たちですが、得られるものは、予想以上に大きな成果だけではありませんでした。

次のミッションを見つけることができたのです。


今、あなたがコツコツと地道にやっていることが、間接的にでも、世界のどこかでお腹を空かせている子どもたちの手助けになる日が来るかもしれません。

あなたがモチベーションを継続させることで、誰かのサンタクロースになれるかもしれません。

モチベーションの継続に重要なのは、ひょっとして「目的」なのでしょうか。

そうなると、サンタクロースの「目的」とは……。

まだまだ紐解くべきことがありますので、一緒に次へ進んでみましょう。

サンタとオレの WAKUWAKU レッスン

愛され筋肉ボディをつくるため、ジムに入会。
ハァ…
ハァ…
つらい…
辛い時こそ笑顔!!
こんな時に笑えるかっ!!
数ヶ月後。

思い込みで、あなたは「限界」を感じている

ここまで、モチベーションの継続について語ってきましたが、「モチベーションを上げたり継続したりすることにも、いつか限界がくるだろう」と思う人もいるでしょう。

至極真っ当な意見だと思います。

たとえば、ごく普通の人に50メートルを4秒で走れるようにしなさいと言って練習をさせても、世界最速記録を生み出すのは不可能だと言う人が多いでしょう。

無理だと言った人は、肉体という「物理的限界」が障害になり、練習へのモチベーションが早々に下がりがちです。

実際に、肉体や時間、お金など、「物理的限界は突破することはできない」と、自分の中に限界をつくってしまう人が多数いるようです。

ですが、物理的限界は本当に乗り越えられないものなのでしょうか。

また、実現させようと思える人には、どんな結果が訪れるのでしょうか。

50メートルを4秒で走るというのは極端な例ですが、多くの人はモチベーションの継続に、「精神的限界」よりも「物理的限界」のほうが大きく関わっていると思い込んでいるように感じます。

一方で私は、「物理的限界」によるリタイアを決断する前に、自分のなかの「精神的限界」を乗り越えるべきだと考えています。

もちろん、病気や怪我など、時間を要して治療するべき「物理的限界」は、治療回復を優先するべきです。

無理に鞭《むち》を打つ必要はありません。

でも人はみな、自分では想像していなかった結果を生み出す力と、可能性を秘めています。

そのわずかな可能性を最大限に発揮するために必要なことは、自分のなかに限界をつくらないという、シンプルな考え方です。

先ほど短距離走を例にしましたが、皆さんは『パーフェクトマイル―1マイル4分の壁に挑んだアスリート（ソニーマガジンズ・ニール バスコム著、Neal Bascomb・原著、松本 剛史・翻訳）』という本をご存知でしょうか。

１９５０年代の陸上競技界では、１マイル４分を切って走るなど、人類には不可能だと言われていました。

そうした風潮の中、実在した若い３人のアスリートが１マイル４分の壁に挑むという内容です。

誰がとまでは言いませんが、結末をバラしてしまいましょう。

医師に、人類には不可能だと言わしめ、30年間以上も続いた1マイル4分の壁は突破されました。

それも、ひとりが達成すると、その年のうちに23人ものアスリートが次々と達成したのです。

いったい、今までの壁はなんだったのでしょう。

その答えこそ、「精神的限界」です。


誰も破ることができない4分の壁という通説は、日頃から厳しいトレーニングを積むアスリートたちの、心の枷《かせ》となっていました。

しかし、3人の若者はわずかな可能性を信じ、新記録を樹立すべく試行錯誤で挑みます。

そして、最後まで自分のなかに眠っている未曾有の可能性を信じ続けた者だけが、人類の限界を超えることができたのです。

陸上競技に限らず、自分の可能性を信じてなにかに挑み続けることは、難しいかもしれません。

けれども、こうした「精神的限界」を乗り越えてしまえば、「物理的限界」をも乗り越えることができるという実例です。

壮大なことのように感じてしまうかもしれませんが、私たちは生活のなかで無意識に、「精神的限界」を乗り越えています。

日々小さな「精神的限界」を乗り越え、「物理的限界」を突破し、なんらかの成果を得ているのです。

なにか仕事を引き受けるときに、できる仕事だけを引き受けていませんか？　あるいは、自分が経験していない仕事を頼まれると、嫌がってしまいませんか？

これがまさしく、「精神的限界」です。

自分の成長を信じて将来視線でいると、未知の仕事が目の前に現れたときにモチベーションが上がります。

過去に縛られて後ろ向きになっていると、心に怯《おび》えが芽生えます。未来は過去よりずっと長いのです。

深夜まで趣味に没頭してしまい、睡眠不足で辛い朝。

なんとか言い訳をして会社を休みたいという気持ちを抑えて出社した、なんてことはありませんか？

そんなとき、睡眠不足の原因は自分にあるという意識から、いつも以上のペースで仕事をしようという気持ちになり、予想以上の結果を得たという人はいませんか？

ふざけたシーンではありますが、「精神的限界」を乗り越え、「物理的限界」を乗り越えた瞬間のたとえです。

私が携わる医療の世界では、その原点となる「患者さんために」において、限界をつくってはいけないというのは当然です。

しかしこれは、どのような場面であっても当てはまります。

相手を思う心に「精神的限界」はなく、人と接して生きる限り、私たちは「物理的限界」を乗り越え続けねばならないのです。

私は、職場のスタッフや、患者さんにできることへの限界は設けておらず、結果的にリピーターを育てたり、ありがとうの言葉をいただくことにより、さらなる高みを目指そうという気持ちになります。

モチベーションを維持するためには、自分自身を信じます。

「ここまでにしよう」と、パワーをセーブしても、成長や変化を得ることはできません。

「物理的限界」を理由に諦めてしまうのは、もったいないことです。

まずは自分ならできると強く思い、「精神的限界」を乗り越えてみてください。

そうすれば、無理だと思っていた「物理的限界」をも乗り越えることができるでしょう。

サンタとオレのWAKUWAKUレッスン

モチベーションだけで成果を出そうとしていませんか？

「やる気はある。積極的に勉強や仕事にも取り組んでいる」

だけど、結果や達成感になって返ってこない。

このような人には、足りないものがあります。

その作業や練習、学習が、単調な作業になっていませんか？

今日はここから、ここまでをこなす。時間内になにをする。

これらは確かに目標ではありますが、この状態では「予定」に過ぎません。


予定をこなすためにモチベーションを上げることは大切ですが、残念ながらいつか飽きてしまったり、日々の目標を達成する意味を見失ったりします。

では、みなさんの力を存分に発揮するために本当に必要なものはなんでしょう。

一緒に考えていきましょう。


答えについてはすでに述べてきているのですが、おさらいとして見つめます。

まず、モチベーションというのは、なにかを成し得るためのサポート役のようなものです。

叶えたいものを実現させるための登山を、背後から支える存在とイメージしてもよいでしょう。

しかし多くのケースにおいて、モチベーションを上げることに着目しがちで、なぜモチベーションを上げるのかという、「真の目的」についてのビジョンが曖昧なままであることも、珍しくはありません。

私は冒頭で、明確な目的や使命を「ミッション」と呼ぶと申しましたが、このミッションこそが、モチベーションをうまく利用する鍵となるのです。


自分の仕事にミッションがなければ、いくら予定通り業務を遂行できていても、いつの日か単純な仕事でつまらないと感じてくるはずです。

私がスーパーのレジを担当していたとしましょう。

お金を稼ぐために、お客様が持ってきたカゴの中身をスキャンするだけの日々だったら、早々に飽きて別の仕事を探すと思います。

でも、レジの仕事に「数分間の出会いのなかで、最高の接客をして顧客満足度を上げ、リピーターを増やして店舗拡大する。日本一の接客のスーパーマーケットを展開する」というミッションを見出していたとしたら、自分ができる仕事の幅が広がり、笑顔や感謝にあふれた職場になると思いませんか？

一番になれる質にこだわるのです。

ミッションがあれば、単純な作業も意味のある仕事に変わります。
言われたこと、決められた義務的なことだけしか行わないのは、作業です。
ミッションに従い、言われたこと以上のことを行って、はじめて仕事になるのです。

さて、今までやる気満々で挑んできたことを、途中で諦めてしまったり、うまく身にならなかったという人へ。

あなたはすでに、モチベーションを上げる術を知っているのですから、次はミッションについて考えていきましょう。

なぜ、その道を進むのですか？　なんのために行おうとしているのですか？　実現したときのあなたは、どのような生活をして、どのような影響を周囲にもたらしているのでしょう。

可能な限り明確に、リアルに未来を思い描いてください。

今は実現できそうにないことでも、キラキラとした自分になる決意があれば、一歩ふみ出せます。

そして、その目標、ミッションを果たすための道筋を考え、モチベーションを維持しながら歩んでいくのです。

ミッションがなければ、モチベーションが空回りする理由、ご理解いただけましたか？

サンタとオレのWAKUWAKUレッスン

定期的にやる気が・・・
ぐる
ぐる
おきなくなる
最近あいつ、あの可愛い子と仲良いな
俺もあんな風にあの子に近付きたい！
これがあいつと俺の違い…?!
ペラッ

ミッションを持っている人は「ここで終わり」の限界がない

私は高校在学中に歯科医を志すようになり、歯科大学受験のために独学で勉強をしました。ところが、周知の通り、ただ大学を卒業するだけでは歯科医にはなれません。

私が高校生の頃に掲げたミッションは、入学が決まっただけでは果たせないのです。

卒業もゴールではなく、医師免許取得のための国家試験を、パスしなければならなかったのです。

結果的に現在は歯科医師の道を歩んでいるのですが、私のミッションは形を変えながら、常に成長を続けています。

私のミッションが成長してきたプロセスをご紹介しましょう。

歯科医師免許を取得後に、出身地である金沢市の県立総合病院に勤務しました。

当時は「地方の病院だから、先進医療の内視鏡手術が受けられなくても仕方がない」との環境でした。

そのとき、私は「地方でも内視鏡手術を受けられる環境にする」ことをミッションとして、全国をまわり先進医療の導入を行いました。

このミッションを達成すると、「グローバルな医療を提供できるように」とミッションを成長させて、オーストラリアへ留学しました。

どのようなことを専門的に学ぶか、患者さんとどう接するか、どんなクリニックをつくり、どのように医療貢献をするのかなど、ミッションをひとつ達成したら、次の成長したミッションを探したのです。

ミッションがあれば、年を重ねても毎日ワクワクに満ちあふれていると感じることができて、多少の困難に見舞われてもモチベーションが下がることがありません。

ミッションを持っている人は、はじめのミッションがクリアできた時点で、達成感や自信だけでなくスキルや知識が身についていますし、次は少し成長して難易度を上げたミッションに挑もうとしたり、別の視点からミッションを見出すことができます。

つまり、「ここで終わり」の限界はなく、小さな成功の積み重ねが、大きなミッションを達成することにつながります。


１マイル４分の壁の話を紹介しましたが、４分の壁を打ち破ったアスリートたちは、自己ベストを塗り替える次のミッションを掲げたことでしょう。

起業をした人はどうでしょう。

ただ起業をしただけでは、収益を上げたり、人材を育てることはできません。

経営者が起業した段階でミッションを見失ってしまっては、路頭に迷う生活一直線です。

夢を叶えたり、記録を更新したり、継続をしている人のなかには必ずと言っていいほどミッションがあります。

すでにゴールをしているように見えても、新たなミッションを追求し続けているはずです。


でも、いきなり大きなミッションに挑む必要はありません。

はじめは小さなミッションでも良いのです。

ミッションを果たすためになにをするかを考え、実践することが重要なのですから。


私は職場のスタッフに、ミッションを見つけなさいと言います。

そのための勉強会も開いています。

それぞれが見つけたミッション、スタッフ全員で掲げたミッションに従い仕事をすることで、つまらない仕事はなくなるからです。


ミッションを見つけようといっても、どうやって見つければ良いのかわからない人もいるでしょう。

考えても、いったいどれがミッションなのか判断できない人もいるでしょう。

でも、大丈夫です。

ミッションを見つける方法については、次章で綴ってまいります。

あなただけのミッションを、一緒に探していきましょう。

ミッションがあれば、ここで終わりになんかなりません。

ミッションの先に、もっともっと輝いた自分が待っているのですから、ミッションを見つける前に限界をつくるのは、今日で終わりにしておきましょう。

ゲームなら あっという間に 全クリア
THE END
Vo.2も絶対買うぞっ!!
ミッションの中に楽しさがあるから新しいゲームも挑戦したくなる。この調子でリアルを生きてみんか。

第2章

ミッションを探せ！
意志あるところに道は開ける

見返りを求めた善行は自己満足。思いやりの行動の原動力になるもの

自分の人生をワクワクさせるために、ミッションは欠かせません。

でも、ミッションが見つかっていない人も大勢います。

この章では、ミッションの探し方について綴ります。


あなたが知人と旅行に行ったとしましょう。

あなたがプランを練った旅行で、ひとりは「楽しかった」と思うかもしれませんし、別の人は「つまらなかった」と思うかもしれません。

感想を知ったあなたは、なぜ全員が満足してくれないのだと、モヤモヤとした気持ちになりますか？

同じ環境で、同じ経験をしても、人により物事の見方が異なり、印象や感想が違います。

これは一個人でも異なります。


お腹が空いてレストランを探して歩くときと、トイレに行きたくてトイレを探して歩くときでは、同じ場所を歩いても目に入る景色は異なります。

つまり同じ環境でも、自分の視点をちょっと変えるだけで、物事をプラスに変えたり、マイナスに変え

ることができるのです。

「つまらない職場」から「やりがいのある職場」に変えるのも、あなたです。

今現在、目標にしていた職業に就いているのに、実際に働いてみて「こんなはずじゃなかった」と感じている人はいませんか？

社会人だけでなく、「思ったよりもやりがいを感じられない」などと、進路選択を間違えたかなと感じてしまっている学生もいるはずです。

そうでない人も、もしもこのような状況に陥ってしまったら、どのような行動をとるでしょう。すぐに転職を考えますか？　継続することを諦めますか？

思い切った行動もときには必要ですが、おもしろくない毎日をつくっているのは誰のせいでもなく、自分自身なのかもしれません。

そこで、現状に満足できていない、誰かを満足させられていないと感じたときこそ、ミッションを見つめ直すのです。

私には尊敬する歯科医師がふたりいます。

ひとりは、私の留学先であるアデレード大学口腔顎顔面外科のアラスターNゴス教授です。もうひとりは、博士の指導を受けた愛知学院大学顎口腔外科・日本口腔外科学会理事長の栗田賢一教授です。ゴス教授から留学した初日に「この治療が本当に患者さんにベストかどうか、治療にする前にもう一度考えなさい」と、常に「人のために尽くす」ことを教わりました。

栗田教授からは、研究指導にあたり「私のすべてを君に指導する。君は私に直接、恩返しをする必要はない。そのかわり君は研究成果を社会へ広め、医療を発展させなさい」と「世のために尽くす」ことを教わりました。

私は現在でも、常に患者さんにとってベストな治療方法を考え続けていますし、医療の発展のために国内外の160以上の医学論文を発表しています。

なりたい自分を、より明確に見出すだけでも、毎日の幸せの感じ方に変化が起こります。

さらに、なんのためにやるのか。誰にどうなって欲しいのか。

この目線が、重要です。

子どもたちにプレゼントを配るサンタクロースも、世間体が良くなるからという理由で、プレゼントを配っているわけではありませんよね。

雪が降る季節、それも深夜に、わざわざ世界中を駆けまわる動機にはなり得ません。

もしもサンタクロースが、誤ったミッションをミッションとして掲げていたら、いつか「なんで寒い日にこんなことをしているんだろう」と思うときがくるでしょう。

自分だけのためのミッションでは、誰もがいつか、「こんなはずではなかった」と感じる日がきます。

つまらない毎日を過ごさずに済むためには、正しいミッションを見つけなければなりません。

幸せは、待っていてもやってきません。自分でつくり上げるものなのですから。

ミッションも、自分で見つけるものです。

それでは早速、ミッション探しの旅をはじめましょう。

みなさんは、「良い人」になりたい、そう思われたいと思いますか？　あの人は人徳がある、良い人だと評価されることに、嫌悪感を示す人は少ないでしょう。

良い人になろうと思って、毎日を過ごしているという人もいるかもしれませんね。

電車のなかでお年寄りや妊婦さんに席を譲ったり、ボランティア活動に積極的に参加するなど、誰かのためを意識した行動はとても良いことですし、お互い気持ちが良いものです。

でも、そうした「良いこと」を進んで行っているのに、感謝の言葉がもらえない、評価されないなど、不満に感じたことがあるのではないでしょうか。

実は、普段何気なく行っている「良いこと」にも、ミッション探しのヒントがあります。

ドライブ中、車線変更してくる車に前を譲ったのに、お礼の合図がない……。

お年寄りに席を譲ったのに、ありがとうと言ってもらえなかった……。

確かに残念な気持ちになるでしょう。

でも、それがモヤっとの正体です。

どうしてあなたは、「良いこと」をしたのでしょう。

どうしてモヤっとしたのでしょう。

お年寄りに席を譲るという行動が、本当に相手のためになることだと思っていれば、ありがとうと言われなかったことなど、気になりません。

前を譲った車に対しても、自分が譲れば周りも安全に走行できると思っていれば、お礼の合図がなくても「せっかく入れてあげたのに」という気持ちにはなりません。

相手の反応で不愉快になったとき、つい相手のせいにしがちですが、私は間違いだと思います。

なぜなら、それは、自分自身が「良いこと」に対する見返りを求めているという証明だからです。


誰だって、感謝の気持ちを示されると嬉しくなります。

周りの人に賞賛をされると、自信が持てます。

けれども、「良い人」でいるために「良いこと」をするのは、本当の「良い人」ではありません。

「良いこと」は、意識をすれば誰でもできます。

でも、どうして「良いこと」をするのですか？　見返りを求める気持ちが少しでもあると、些細なことで心が乱れます。

一方、本当に相手のこと、なにかのためを思って行えば、心は穏やかです。


胸に手を当てて考えてみましょう。

仕事や学業、交友関係のなかで、自分がしたことに対する評価が見合わないと思ったときのこと。

今の仕事にやりがいがないのは、ご自身が想定する相応の評価が下されないからでしょうか。

では、なんのために仕事や行動をするのだろうと、もう少し考えを掘り下げてみてください。

同級生よりも「良い人」でありたい。

「あいつ、すごいんだよ」と言われたい。

誰かに褒められたい、優位に立ちたい。

そうした見返りが真っ先に浮かんだ人は、ミッションを見つけられていません。

それらの評価は、ミッションを果たした先についてくるものです。先に求めるべきではないのです。

見返りを求めない「良い人」になるのはとても大変ですが、「してやったのに」と思う気持ちは、毎日を退屈にさせます。

そこで、この作業はあの人のためについでにしておこう。立っているのが辛そうだから、お年寄りに席を譲ろうなど、自分の利益を顧みない考え方を維持することを心がけてみましょう。


なんのためにやるのか。

だれにどうなって欲しいのか。

これがミッションです。

このミッションを達成させるための行動を選択すれば、「良いこと」にこだわらなくても、自然と「良いこと」を行えるものです。

行動の先に、賞賛や感謝などの見返りを求めなければ、あなたのことを見ている人はこう思います。

あなたは「良い人」だねと。


ミッション、見つかりましたか？「良いことをしよう」という目標は、ミッションと呼べない。

そのことが理解できていれば、すぐに見つからなくても大丈夫です。

次に行ってみましょう。

幸せになる13のキーワード［4］

［4］目的

同じ行動を起こしていても、その行動の目的がなにかによって、成果はまったく違ってくるものです。この「目的」が明確な人は、何事にも素晴らしい成果をあげやすいということですね。

しかし、目的にも段階があります。すぐ近くの目的と、そのさらに遠くにある目的。目的までの距離が遠いほど、それを自覚するための想像力が必要になってきます。

Q サンタクロースの目的にも、すぐ近くの目的と、遠くにある目的と、さらにその遠くにある目的など、目的に何段階かあるのでしょうか？

A もちろんあります。なかでもいちばん有名なのは、子どもたちの幸せそうな笑顔を見るという目的

ですね。サンタクロースはそのためにプレゼントを届けています。

でも、それだけではありません。子どもたちの笑顔の向こう側にあるもの……それは、その子どもたちの親をはじめとする、大人たちの笑顔。そして、さらには、世界中の笑顔です。

笑顔があふれた世界は平和です。ですので、もっとふみ込んで表現すると、サンタクロースは、世界中の平和を願っている、ということが言えるのです。飢餓や貧困、勉学の不平等などがない、平和な世界で子どもたちが育つこと。

最終目標は、誰もが、サンタクロースのような存在になってくれることです。そうすることで、幸せの循環がどこまでもずっと続くからです。

サンタとオレの WAKUWAKU レッスン

幸せセンサーの感度が鈍ると不幸体質に？　３つの条件を満たして心満たす

幸せになるもっとも簡単な方法は「幸せセンサー」の感度を上げることです。

つまり、幸せに敏感になるのです。

私は子どもの頃から「もやし」が好きです。

私は幸せセンサーの感度を上げていますから、今でも、もやしを食べるたびに、幸せを感じます。

大学生の頃は貧しくて一度に一袋しか食べられませんでした。

今では二袋を食べることができます。

そのときは、さらに幸せな気持ちになれます。


どんな生き方をすれば、幸せだと思えるでしょうか。

ほかの人よりも幸せになりたいと願っていても、その人と同じ信念では、ほかの人以上の幸せはやってきません。

なによりも幸せの形は人それぞれで、誰よりも強い信念を持って幸せを掴みに行かねばなりません。

ざっくりとした幸せのイメージでは、具体的な行動もできませんし、仮に幸せに近づいたとしても、わずかな確率に当たっただけです。

幸せを手に入れるためには、自らが幸せに包まれること、掴みに行くこと。なによりも、幸せを掴むにふさわしい人にならなければなりません。

少々汚いたとえ話になりますが、正直なところ、多くの人が「お金持ちになりたい」と思っていることでしょう。

長者番付にランクインするレベルでなくても、今よりは金銭的にゆとりを持ちたい、貯金をしたいなど。お金を一銭もいらないという人は、ほぼいないと思います。

ではそのお金を、どのようにして手に入れますか？　どのように手に入れることができれば、幸せだなと思えるでしょうか。

もしも宝くじで1000万円当たったら、私は「ラッキー」と感じると思いますが、幸せだとは感じないと思います。

予想外の嬉しいハプニングではありますが、難なく大金が手に入ったから仕事を辞めよう、なんてことも考えません。

私には「医療を通じて患者さんを幸せにする」というミッションがあり、いただいている給料はミッション達成のための仕事に伴って発生しているものです。

つまり、患者さんを幸せにした分だけいただけます。

１０００万円を稼ぐのはとても大変なことですが、私は運で手にする大金よりも、なりたい自分、誰かになにかを与えることで得る、少々のお金のほうがありがたみを感じます。

世の中には、自分が幸せになるために、誰かを不幸にしたり、嫌な気持ちにさせる人がいます。

誰かを蹴落として得た理想の生活は、本当の幸せと呼べるのでしょうか。

嘘をついて商品を売ったり、本来の価値に見合わない価格で販売をしたりする悪徳業者による被害もニュースになります。

果たして、こうした仕事にやりがいを感じるのでしょうか。

誰かを不幸にしている人は、幸せに包まれていないはずです。

苦しみ、悲しみ、後悔、恨み……マイナスの環境のなかにいると、幸せへの基準が高まるばかりで、幸せセンサーが鈍り、小さな幸せを積むことができません。

こうした人は、幸せになりたくても、願う分だけ幸せが遠ざかってしまいますね。

幸せに包まれることが、幸せになるポイントです。

私も当院のスタッフには幸せになって欲しいと、常に願っています。

幸せに包まれて仕事ができると、ワクワクします。

本当に幸せになれる人は、３つの条件を満たしています。

これらはお察しの通り、『幸せになる13の条件』に含まれます。


ひとつ目は「素直」でいること。

幸せがあふれている環境に身を置き、小さな幸せをありがたいと受け止められる人です。

また、なにかを言い訳にして、今の自分の未熟さを隠そうとしません。

育った環境が貧しかったから、上場企業に入社できなかった……など、責任を周りの環境のせいにしたりはしないのです。

今できないことは、ここにいる自分の責任。

今の頑張りは未来の自分のためと、あらゆるものに対して素直でいることが、大切です。


私は小学校に入学した際に、学習机を与えられませんでした。

３人姉弟の末っ子ですが、上の２人は学習机を持っていました。

しかし私は、自分の環境を受け入れ、学習机を持っている姉と兄を妬《ねた》んだこともありませんし、持っていない自分を卑下したこともありません。

学習机で勉強したことがなく、座卓テーブルで勉強し、姉や兄と違って塾へも通ったことがありません。

けれども、おとなになった今も、なんの不満もありません。

環境を素直に受け止めて勉強したおかげで、歯科医師になれたのですから。


ふたつ目は、「謙虚」でいること。

幸せは、人から人へ渡ってやってくるものです。

誰かに10グラム分の幸せをもらったら、15グラム分の幸せを与える方法を考えます。誰かに15グラム分の幸せのお返しをもらったら、今度は20グラム分の幸せをお返ししてみましょう。

やりとりに「付加価値」をつけると、人は自然と集まってきます。

集まってくれた人には、今以上の付加価値をつける。

そうすると、自分がなんのために、なにをするのかが、よりはっきりと見えてきます。

「付加価値」にピンとこない人は、まず「ありがとう」に心を込めてやりとりに添えましょう。

それも立派な「付加価値」なのです。

私は個人的なやりとりでも、仕事をするときも、謙虚でいようと心がけています。

最後の３つ目は、「感謝」をすること。

幸せに包まれている人は、「感謝」の気持ちを伝えるのも上手です。

いつも一緒に仕事をしてくれてありがとう。

ミスした点を教えてくれてありがとう。

話を聞いてくれてありがとう。

相手がしてくれたことを、謙虚に、素直に受け止めて、常に感謝の気持ちを忘れずに過ごしている人の周りには、幸せが集まっています。

感謝の気持ちは、口に出さないと相手に伝わりません。

ぜひ、感謝の気持ちを「ありがとう」の言葉にしてください。


この3つを意識して過ごすと、幸せセンサーの反応の仕方が変わっていきます。

今まで気づけなかった幸せに気がつき、感謝を言えるようになる。

付加価値をつけてお返ししたくなる。

小さなことの積み重ねのなかで、あなたが大切にしたいものはなんなのか、見えてくるはずです。

なにをミッションとすれば、本当の幸せが手に入るのかがわかってくるでしょう。

ミッションを見つけるためには、自分がどうなれば幸せなのかを知ることも大切なのです。

サンタクロースは、自分の幸せを知っています。

子どもたちの笑顔が、サンタクロースを幸せにするのです。


では、サンタクロースが子どもたちを笑顔にするためには、なにをすれば良いか。

サンタクロースは、幸せセンサーの感度を上げることで、ミッションを見出しているのでしょう。


卑しい心では、なかなかミッションを見つけられません。

「誰かのため」の優しさが、自分をピカピカにするのです。


「誰かのためになんて、偽善者ぶるなよ」なんて思っている人いませんか？　思った人は、前項の「幸せになれる人の３つの条件」をもう一度読んでください。

準備が整いましたら、「誰かのため」を実践する方法について、話を進めて参りましょう。


あなたが家族や恋人、友人にプレゼントを贈る理由はなんですか？

プレゼントを贈るタイミングやシーンは、それぞれにお任せします。

私がプレゼントを贈る理由は、「相手に喜んでほしい、役に立ててほしい」と思うからです。

するとプレゼント選びの基準も、「相手が喜んでくれそうなもの」、「役に立ってくれそうなもの」に定まり、相手について知りうる限りの情報を頼りに選ぶことができます。

意中の人の気を惹きたいからプレゼントをすることもあるかもしれませんが……成功するといいですね。

今回の話の主旨とは少し異なるので、このケースについては応援の言葉のみ送らせていただきます。

話を「誰かへのプレゼント」に戻しましょう。

プレゼントを贈るのは感謝されたいから、と答える人がどれほどいらっしゃるのか、若干興味があります。

でも、多くの人は私と同じように、「相手に喜んでほしいから」と答えたのではないでしょうか。

大切な人が喜ぶと、自分も嬉しくなりますよね。

誰かの役に立てたとき、行動を起こしてよかったな、次はもっとたくさんの人の役に立ちたいなと思いませんか？

誰かになにかを与えて返ってくるものに、直接的な利益がなくても「幸せ」だと感じるはずです。

たとえ相手からなんの反応がなくても、受け取ってもらえただけで十分です。

プレゼントを贈った相手が喜んでくれたら、自分も嬉しい。

幸せは、こうして「因果」として巡ります。

反対に、喜ばせてもらおうとしている人には、幸せはやってきません。

もちろん、お客さんとして楽しむために出かけるときや、対価を払っているときは受け身で良いのですが、仕事や人付き合いを円滑にしたい場合は、受け身ではいけません。


私は自分のクリニックのスタッフたちに、「キャスト思考」を持ちましょうと呼びかけます。

スタッフ一人ひとりに合った仕事や役割はありますが、それらをまるっきりひとりでこなした結果、クリニックとして成り立つというものではありません。

みんなの仕事が積み重なり連携されて、ひとつのクリニックとして形づくられ、認知されているのです。


どのような声がけをしたら、患者さんの不安が解消されるだろう。

どのような診療プランを提案すれば、健康で楽しい毎日を過ごせるようになるだろう。

患者さん個人が好きなこと、嬉しいと思うことをヒアリングすることで、自分がどのように接するべきか見えてきます。

相手にとって、自分がどうあるべきかを知り、相手にとって良い存在でいられるためにはなにを学び、どのような行動をするべきかを、日々研究してるのです。

患者さんを親しい友人や家族と思えば、自然と言動が変わってきます。

誰かに認められることを望む前に、誰かを満足させるために必要なものを探って見出す。

あとは行動と継続あるのみ。気がつけば自分の力となって、より自分を輝かせてくれるはずです。

自分のためになにかをしようとすると、自己満足な評価に甘んじてしまいがちですが、誰かのためを思えば、終わりはありません。

相手を思いやる気持ちに、終わりがあるはずがないのです。

毎日が自分磨き。

その仕事、その言葉、その行動は、誰のためですか？　誰を、どのような気持ちにさせるためですか？

サンタとオレのWAKUWAKUレッスン

幸せになる13のキーワード［5］～［6］

［5］
素直

［6］
謙虚

世の中には、自分が幸せになるために、誰かを不幸にしたり、嫌な気持ちにさせる人がいます。

誰かを蹴落として得た理想の生活は、本当の幸せと呼べるのでしょうか。

幸せを手に入れるためには、自らが幸せに包まれること、つかみにいくこと。

なによりも、幸せをつかむにふさわしい人にならなければなりません。「誰かのための行いは、自分に返ってくるのです」。

Q どうしてサンタは世界中で愛されているの？

A サンタクロースは子どもたちの笑顔を見るために、プレゼントを配達しています。親御さんへ代金を請求することはありません。子どもたちの笑顔を

見て、その周りの人も笑顔になると、もっと嬉しくなるからです。

つまり、誰かを幸せにして、幸せの感情をおすそ分けしてもらうことが、サンタクロースの幸せ。

各地をまわるためには、各地の文化を知り、偏見を捨てて受け入れること。その地域の子どもたちが喜ぶものを知り、「やってあげている」と奢らぬ、謙虚な精神を持って応じるからこそ、世界中で愛されるのです。

偏屈で、横柄なサンタクロースだったら、愛されませんよね。

予期せぬことを不運だと思うあなたは負ける

あなたは出席する会議の書類作成を頼まれたので、一生懸命作成しました。きちんとファイルに保存して上司に提出をしたところ、ＯＫのサイン。とても頑張りましたね。

さぞ、帰宅後の一杯がおいしく感じることでしょう。

ところがその日の夕方、「会議資料は刷り上がっているか？」と言われて、慌てて印刷をしてホチキスで止めることになりました。

さて、これは「予期せぬできごと」でしょうか。

答えは「ＮＯ」です。

あなたも出席する会議の資料ですから、資料が配布されるべきものであることは予測できると思います。

誰かがやってくれるからいいやと思っている人は、「最初から言ってくれれば良いのに」だなんて、予期せぬハプニングとして捉えるでしょう。

でも、なんのための書類作成で、その書類がどのように扱われるものかまで予測すれば、どこまで自分がすべき仕事か見えてくるはずです。

したがって、このケースは「予期できること」です。

もうひとつ、別の質問をします。

あなたは電車の中で、重そうな紙袋を持っているお年寄りにこう言いました。

「その荷物、網棚に置きましょうか？」と。

すると、お年寄りは「網棚に置かれると困ります」と答えました。

大変そうだから声をかけたのに、意外な返事だと思いますよね。

これは、「予期せぬできごと」でしょうか。


網棚に置かれては困る、置かないでほしいというのは、お年寄りの要望です。

お年寄りの視点で事情を想像すれば、要望の理由が見えてくるでしょう。

たとえば、網棚に乗せると自分では手が届かない、傾けたくないモノが入っている……など、重そうな紙袋を手持ちしなければならない事情が、きっとあるのです。

せっかく親切に提案したのに、予期せぬ言葉に気分が悪くなった……などと言うべきシーンではありません。

その親切は、相手が望む行動ではなかっただけです。

むしろ、相手のことを考えたというには、想像力と気遣いが不足しています。

もちろん、網棚に乗せようとしているのであれば、積極的に手助けをしてあげましょうね。


社会においては、予期せぬ事態に多々遭遇します。

予期せぬことがもたらす結果に一喜一憂することもありますが、すべてが悪いことではありません。

一見、予期せぬ失敗だと思うことも、実はラッキーへの分岐点だったりするのです。

予期せぬ事態をチャンスだと捉えて、輝かしい未来への糧にしませんか？


私たちは毎日の生活のなかに潜んでいるチャンスを見逃しがちです。

そして、チャンスの多くは、予期せぬ事態のなかに隠れています。

予期せぬ事態を、本当に予期せぬものとして受け止めるか、チャンスが隠れていると受け止めるかを見極める力も必要になります。

そこで予期せぬ事態について、私なりに4つにまとめてみました。

これも『幸せになる13の行動』に関わる重要なポイントです。

ひとつ目は、予期せぬ「成功」。

予期せぬ「成功」は、本当にラッキーな結果です。

でも、結果に甘んじてあぐらをかいてしまうと、次の段階に進めません。


普段は無口な患者さんと、会話が弾んだことがありました。

そんな予期せぬ成功のなかには、必ず理由があります。

どんな話題で盛り上がったかを思い出せば、相手の「ツボ」が見出せます。

この患者さんとは、お花のお話をしました。

そうです、この方はお花が大好きだったのです。

相手が興味を示すことを知っておけば、次回の会話に活かせるでしょう。

成功に至った理由を紐解くことを忘れなければ、次へのステップチャンスとなります。


ふたつ目は、予期せぬ「失敗」。

予期せぬ「失敗」も、嘆いて終わりにするのは愚かです。

なぜ「予期せぬ」事態に陥ったのか、どのような注意や知識、経験が不足していたのかを省みることで、同じ失敗を繰り返さないための課題、ミッションを見出すことができるでしょう。

失敗は成功のもとという通り、自分に不足していたものを知ることができるラッキーチャンスです。

アデレード大学に留学した直後、同僚のクリス先生との大事な相談に失敗しました。

私は、自分の英語が拙いことが原因で、クリス先生が口をきいてくれないと思っていました。

しかし、他の医局員に相談したところ、ニュージーランド出身のクリス先生は、英語がなまっていて、私との会話に躊躇していたとわかりました。

それを知って私は、下手な英語で一生懸命にクリス先生に話しかけました。

すると彼も応えてくれるようになり、そのうち冗談なんかも気軽に話せる仲間になりました。


3つ目は、予期せぬ「要望」。

私は歯科医ですから、歯磨き指導に熱が入ります。

けれども、あるとき、こんな電話を受けました。

「歯磨きをしなくても良い方法を教えてください」と、若い男性が言うのです。

皆さんは、歯の健康維持やマナーのために、歯磨きをするでしょう。

歯磨きをしないで良い方法を知りたいだなんて、予期せぬ質問です。

でも、なぜそんな質問に至ったのだろうかとヒアリングをすると、やむを得ない「要望」が隠れていました。

彼は、手を動かすことが困難な家族のために、電話で質問してきたのです。

私は予期せぬ「要望」を理解したことで、手が不自由な方でも磨きやすい歯ブラシの紹介をすることができました。

驚くような「要望」も、きちんと相手の事情と向き合えば、本当の「要望」が見えてきます。

一見しただけで、無理だ、非常識だ、迷惑だなあなどとマイナスに捉えず、「要望」に対してどう応えられるかを探るチャンスです。


４つ目は、予期せぬ「できごと」。

通常、私が勤めるクリニックでは、治療時に患者さんの顔にかけるタオルのサイズは決まっています。

ところが、「もっと大きなタオルにしてください」と言う患者さんがいらっしゃいました。

治療の妨げにならないサイズを選び、提供することが私たちの常識であったため、私たちにとっては予期せぬ「できごと」でした。

でも、ヒアリングをした結果、この予期せぬ「できごと」から、クリニックのイノベーションにつながりました。

なぜ大きなタオルを望んだのかというと、この患者さんはタオルの肌触りで治療時の不安が解消されるからと答えました。

そこで私たちは、タオルの素材にこだわり、柔軟剤の見直しなど、私たちだけでは気がつかなかった細かい改善を行うことができたのです。

予期せぬ「できごと」には、「成功」や「失敗」、「要望」に当てはまらないものが含まれるでしょう。

さらにそのなかから、今の自分が対応できるもの、叶えられるものと、そうでないものが出てくるはずです。

専門外の依頼をされるといった、予期せぬ事態は、すぐに対応できませんよね。

そうしたものにもラッキーチャンスは潜んでいるかもしれませんが、今、優先すべきものかよく見極めることも必要です。

あまりにも建設的でないことに、時間を割かないようにしましょう。

ラッキーチャンスは身近な4つの予期せぬ事態のなかに隠れています。

えっ！　と思ったときは、落ち着いて、事態の裏側を覗きましょう。

サンタとオレのWAKUWAKUレッスン

幸せになる13のキーワード［7］

［7］

転換

私たちは毎日の生活の中に潜んでいるチャンスを見逃しがちです。そして、チャンスの多くは、予期せぬ事態のなかに隠れています。

ひとつ目は、予期せぬ「成功」。成功に至った理由を紐解くことを忘れなければ、次へのステップチャンスとなります。

ふたつ目は、予期せぬ「失敗」。なぜその事態に陥ったのか、どのような注意や知識、経験が不足していたのかを省みることで、同じ失敗を繰り返さないための課題を見出すことができるでしょう。

3つ目は、予期せぬ「要望」。驚くような「要望」も、きちんと相手の事情と向き合えば、本当の「要望」が見えてきます。一見しただけで、無理だ、非常識だ、迷惑だなあなどとマイナスに捉えず、「要望」に対してどう応えられるかを探りましょう。

4つ目は、予期せぬ「できごと」。自分たちだけでは気がつかなかった細かい改善を行うチャンス。

Q　サンタクロースはいないなど、ショックな言葉を聞いたとき、どのように気分転換をしますか？

A　サンタクロースの存在を信じなくなった子は、大人になった証です。与えられる側から、与える側へと成長をしたのです。悲しいことではありません。

でも、ときどきサンタクロースからのプレゼントを開けた日のワクワクを思い出してほしいです。そして、誰かを喜ばせるサンタクロースになるという、私たちのミッションを引き継いでくれると嬉しいです。

予期せぬ言葉、出来事の裏には、未来に向けたメッセージや真実が隠れています。発想そのものを転換すると、チャンスも希望も見えてくるのです。

あなたの隣の人は「なにか」が違う。その「なにか」がミッション

同じような家庭環境で育ち、同じような趣味で、同じ教室で学んでいるのに、なぜか学生時代からキラキラしていた同級生って、いませんでしたか？

失礼ながら、特別突出した一面があるわけでもないのに、気づけば人が集まっていて、顔が利く。

夢のようなキャンパスライフを送るあの人と自分は、いったいなにが違うのだろうと思っていたことがあります。

社会や、趣味、スポーツのコミュニティでも、「あいつはなにかが違うぞ」と思わせる人と出会うことがあるでしょう。

身につけているものや、金銭感覚も一般的なのに、オーラと自信が満ちあふれていて眩しい……。もしくは、どんな仕事も弱音を吐かずに着実にこなし、休日は常に予定が入っているアグレッシブな人……。

こうした人には秘密があります。

ですので、ここからは彼らが持っているものと、「羨ましいな、スゴイな」と思っている人に足りないものの正体について、お話したいと思います。

少しばかり接しただけでは、なにが違うのかわからない。

けれども、キラキラ輝いている人には、必ずと言っていいほど「なにか」があります。

技術習得や知識など、経験や努力を対価に身につけたものも、キラリと輝ける正体のひとつ。

ですが、もう少し深いところまで見つめてみると、「ミッション」に行き着きます。

彼らのミッションはそれぞれ違ったものですが、共通するミッションも持っています。

それは、相手へメリットを与えるミッション。

Ａさんと B さんが美容室で接客をするとき、Ａさんはマニュアルに忠実に従い、オーダー通りに仕上げます。
一方の B さんは、マニュアルに従いながらも、お客さんのオーダーに客観的かつプロ目線のアドバイスを加え、お客さんの同意のもとアレンジをした施術を行います。
さて、お客様が両者の施術を体験した後にリピートしたいと思うのは、Ａさんと B さんのどちらでしょう。
私は、B さんを指名します。

美容師さんにオーダー通りに仕上げてもらうのは、お客さんとしての要望です。

Aさんは確かに要望を叶えてくれましたが、オーダー通りのカットをしてくれる技術を持った美容師さんなら、誰でもいいなという印象を得てしまいます。

対して、私がBさんを指名したいと思う理由は、私のために「より似合い、手入れが簡単な新しいヘアスタイルの提案」を考えてくれるからです。

同じ「ヘアカット」でも、どうすればお客さんが嬉しくなるのかな、どうすれば格好良く見えるのかなと、お客さんへのメリットを見つけて提案するというミッションを、Bさんは持っているのです。

言葉にしなくても、ミッションは行動に表れます。

実際に私が通っている美容院の担当の方は、私に似合いそうなさまざまなヘアスタイルを提案してくれます。

その提案を取り入れることで、自分が知らないキラキラした自分になれるのです。

自分のイメージより、素敵になれます。

だから毎回、ワクワクして通っています。

同じ作業でも、誰かと違ったパフォーマンスをすることは「区別」です。

それも、誰かにとってのメリットとなる働きを見せるものです。

キラキラして見える人気者の秘密は、相手にメリットを与えるミッションをもとに、相手のなにを見て、どう行動すれば良いかという区別的行動を分析し、実践できる点にあるのです。

当院の前で、高齢のご婦人が転倒しているのを、スタッフのひとりが見つけたことがあります。

診療中だったのですが、診療を一旦中断させ、スタッフたちはそのご婦人を担いで診療台に乗せ、私に診療を依頼してきました。

それを受けた私は、ご婦人に緊急処置を施し、専門病院へ搬送することを救急車に依頼したのです。

実は、このご婦人は保険証を持っていらっしゃらなかったので、治療費は請求できません。

治療を中断したせいで、治療中の方、その後の予約の方に待ち時間の遅れが生じます。

しかし、幸いなことに、待ち時間の延長が原因で、患者さんがお帰りになったり、クレームが生じることはひとつもありませんでした。

当院のスタッフである前に、ひとりの人間として正しい判断をして行動したスタッフを、私は誇りに思います。

また院長として、支持します。

彼女たちは、キラキラして生きています。

「なにか」が違う人になるのは、ハードルが高そうですか？

素直と謙虚と感謝の気持ちを忘れずに、自分が見出した誰かのためのミッションに沿った働きをすれば、自然と「なにか」がキラリと輝く存在に近づくでしょう。

今よりも毎日を楽しく過ごすために、自分のことだけではなく、周囲の人の幸せについて意識を向けましょう。

サンタとオレのWAKUWAKUレッスン

すべての仕事は給与のためだけではなく、幸せをつくるためにある

当院のミッションに共感してくれたふたりのドクターから、同時に入職の希望がありました。

しかし、当時の当院の財務状況では、ひとり分の給料しか支払えない事情をふたりに説明しました。

すると、2人のドクターは、前職の給料より半分以下になっても、当院に勤務することを希望しました。

彼らは給与よりも、当院でミッションを遂行することを選んだのです。

つまり、給与のために仕事を選択したのではなく、幸せをつくるための仕事を選んだのです。

世の中にある商品やサービス、企業や組織は、人の生活を支えるために発展してきました。

ですから、直接人と関わる仕事でなくても、ひとつ先、ふたつ先には誰かにたどり着くと考えられます。

けれども、相手の顔を直接見ることができない環境にいたり、リアクションを直に知ることができない状況だと、この仕事になんの意味があるのだろうと戸惑ってしまう人もいるようです。

接客を要する仕事でも、自分が理想とする評価やレスポンスがないと、誰かのために行う仕事がただの作業になってしまい、仕事をする理由も給与のために仕方なく……となりがちです。

しかし、ミッションを持って仕事をすれば、そうした考えに至りません。

ミッションを見つけたから大丈夫、と安心するのは時期尚早です。

ミッションとはなにかが見えてきた人がいれば、このタイミングで一度見直しておきましょう。

ミッションとして掲げたことは、「誰かのため」につながるミッションですか？


「正しい判断に沿ったミッション」だと即答する人は、まだ自分を客観的に眺めることができていない、利己的な思考である可能性が高いです。

利己的な人は、自分が利己的であると気づきにくいという難点があるのです。

身近に起こり得ることのひとつに、食事会の企画が思い当たるのですが、みなさんはこのような経験はありませんか？


幹事として張り切るAさんは、たくさんの人に声をかけてお店もセッティングしてくれるのですが、参加者がAさんの食の好みに合わせなければならない……。

誰かが代案を述べようものなら、決定事項に従えないなら参加しなくても良いですよ、参加している人は楽しんでますよね？　というようなことを、オブラートに包んで言うのです。

けれど、Aさんに悪意はないのです。

ただ残念なことに、「誰かのため」の企画ではなくて、「誰かのために企画している自分」に達成感を感じていらっしゃるのです。

すこし厳しく言えば、いいことをしている自分に心酔している状態なのでしょう。

心にわだかまりは残るものの、おとなの事情で、こうした食事会に参加せざるを得ないこともありますよね。

……

一方で利他的な幹事は、食事会を企画する段階で、参加者に声をかけながら、日程や予算、メニューについてヒアリングを進めるでしょう。

ある程度の制限があるなかで、可能な限り参加者全員が楽しめる要素を取り入れたプランを練り、細々としたことを担うことができるのです。

ウエディングプランナーや、旅行プランナーなどは顧客の要望をヒアリングして、オーダーにマッチしたプランを提案してくれます。

「顧客のために」という感覚があってこそ、なし得ることでしょう。

このように利他を優先することで、参加者や顧客の満足度が上がります。

すると、また次も参加したい、また次も頼りたいとプラスの印象を与えることができて、自然と良い縁がつながります。

自分に対する利益を先に見越した「ミッション」は、ミッションとしては不完全です。

ミッションの成果は、「誰か」の良い変化としてあらわれます。

誰かのために優先した「ミッション」に沿って成し遂げたものは、後々形を変えて自分のもとに返ってくるものです。

私は次に紹介するエピソードから、この説を強く信じています。


東日本大震災発生当時、当院は輪番停電地域であったために、診療の時間帯が不安定でした。「9時から19時まで常に診療」の姿勢をとっていましたが、停電時は器具が動かないので、実際に診療ができない時間帯もありました。

でも、不安な状況だからといって扉を閉めていては、患者さんはより不安になることでしょう。

そこで私は、診療ができる・できないは別として、この時間帯は診療室に控え、いつでも患者さんに対応できるように備えたのです。

夜も医院に泊まり込み、救急の患者さんを診られる環境を整えました。

スタッフには時間シフト制での勤務をお願いして備え、その結果、震災が発生した3月が、その年の最高の医業収入となったのです。

つまり、相手が本当に求めていることをすると、どんな状況でも結果が得られるということを示しました。

医業収入が多いということは、診療を望んで来院した患者さんが多かったということです。

他院は休業をしており、急な受診を可能にする歯科医院を探していたと、喜んでくださる患者さんもいました。

冒頭で言ったように、どんな仕事でも一歩先を見据えると、必ず誰かに行き当たります。

より高額な給与を得るためのミッションは、ミッションではありません。

これをミッションと定義してしまうと自分の首を絞めるだけで、あとから喪失感が襲ってくることでしょう。

誰かのためにならない仕事は、ロボットが行う単純作業のようになってしまい、時間と労力を費やす意味を見失いがち。

人の心を揺さぶらない行動に対して、誰が評価や感謝をするでしょうか。

自動販売機からの機械的な「ありがとうございました」の音声に、心を揺さぶられる人はいるでしょうか。

今一度ご自身の心に浮かび上がってきたミッションが、誰のために働きかけるものなのか、確かめてみてください。

サンタとオレのWAKUWAKUレッスン

第3章

ミッションを明確にすると、ワクワクがはじまる

ミッションをより明確にできないあなたは、物事を表面しか見ていない

私のなかにあるミッションは、ひとつの行動だけに当てはまるとは限りません。

実生活のなかでは、ミッションに従いながら同時に複数の行動選択を強いられることもあります。

どれも甲乙つけがたい大切なことですが、優先順位をつけて選択しなくてはならないのは、私に限ったことではないはずです。

日々、誰もが選択を迫られ、最適と思える道を少しずつ歩んでいるのです。

ときどき、優先順位のつけ方を間違えてしまったなと、元の道に戻ることもあります。

間違えてしまったことから学ぶものもたくさんありますので、決して無駄な時間ではないのですが、どうしても急を要する場合は「正確な選択」をなるべく短い時間で行わねばなりません。

わかりやすく言えば、車の運転も「正確な選択」を限られた時間で行う必要がある行為でしょう。

ブレーキのタイミングや、車線変更のタイミングなどの見極めや判断、選択を誤ると、人命に関わる大事故へ発展します。

仕事でも、人命そのものを預かる職業に就いている人もいます。

このようにミッションに沿って行動選択するということは、「優先するもの」があると同時に、「犠牲になるもの」が存在することに皆さんはお気づきですか？

できることなら「犠牲」は最小限にとどめたいものですが、いつか明確な優先順位をつけなければならないときが来ます。

より正確に優先順位をつけなければならないとき、なにを優先すれば良いのか、一緒に考えていきましょう。

私の経験に基づくのですが、ここで少し、ごっこ遊びに興じてみませんか？

あなたは大学病院の医師で、朝晩忙しい日々。

念願叶って交際相手と近場の温泉地に旅行に出かけられることになりました。

一泊分の宿泊料やレンタカー代も前払いして、スケジュールを空けて楽しみにしてくれていた交際相手もウキウキしています。

いつもあなたの都合に合わせてくれる、交際相手にゆっくり過ごしてもらうための旅行です。

好みに合わせたプランに抜かりありません！

ところが……。

あなたが専門とする症例の患者さんが運ばれてきたということで、温泉宿目前で呼び出しの電話がかかってきました。

今のあなたの前には、大きく分けて3つの優先項目があります。


ひとつ目は「大切な人」。

普段から、デートのドタキャン、デート中の退席、連絡がつきにくい状態が多いなど、その人に我慢してもらっていることが多いあなた。

それでも健気に寄り添ってくれる、優しい交際相手のための旅行でした。

しかも今回は日帰りではなく、一泊旅行です。

少なめとはいえ荷造りもしてきていますし、仕事の調整もしてくれました。

次はいつ、こうした機会を設けることができるのかわかりません……。

病院に戻ると言って、機嫌を損ねてしまったらどうしましょう。

とうとう愛想を尽かされるかもしれません。


ふたつ目は「お金」。

すでに宿泊代やレンタカー代の支払いは済んでいます。

目的地までの高速代やガソリン代も計上すると、安価な出費ではありません。

当日キャンセルは返金しませんと旅行会社の規約に明記されていましたので、元手を取るには楽しむしかなさそうです。


けれども、ここで「仕事」に戻れば、給与として戻って来る見込みは高そうです。

ここでもまた、現金収入を見込んで職場に戻る選択肢と、本来の目的通り交際相手と楽しむための出費として捉えるかの選択肢が出てきてしまいましたね。


３つ目は「生活のため」。

医師としての評価を損ねないよう、早急に職場へ戻るべきでしょうか。

それとも、交際相手との未来のために、旅行を優先すべきでしょうか。

自分が不在でも、別の病院にも医師はいると、目を瞑《つぶ》ることもできます。

旅行を続ける理由も、引き返す理由も、「生活のため」につながっています。

さあ、どうしましょう。


このケースでは、病院に戻ることが医師として正しい選択ですよね。

命を救う専門家としてのあなたのミッションは、人々の「健やかで幸せな暮らし」を守ることでしょう。

ですが、あなたが人々の「健やかで幸せな暮らし」に価値や使命を見出していなければ、選択を迫られたときに迷いが生じます。

それが、先ほどの３つの優先項目です。


「大切な人」のためにしていることは、本当に相手を幸せにしていますか？

「お金」のためにしている行動で、本当の幸せが見えますか？

「生活のため」に選んだものや行動で、本当に幸せになれますか？


どれも個人として優先したいことですが、もっとも優先すべきものの答えは、目に見えないところに隠れています。

本当に大切なものは、目に見えないものなのです。

その目に見えないものがなんなのかを考えた先に見えてくるものが、「ミッション」です。

ミッションの要素として重要なのは、「人として正しく、利他的であるか否か」ということだと、覚えてください。

「人として正しく、利他的」なミッションが可能とするものはなにかについても、説明しなければなりません。

先に結論を述べてしまうと、前項の「目に見えないものを見る力が、ミッションをより明確にする」に戻ります。

複数の選択肢のなかからひとつの選択を迫られているときは、「誰かのためのミッション」に基づく行動選択をするのです。

サンタとオレの WAKUWAKU レッスン

適材適所。あなたのベストポジションは、あなたがつくる

当院開業数日後のことです。

診療後に院長室でカルテ整理していたとき、急患が来院されました。

対応したスタッフが私を呼びに院長室に来たのですが、その際にスタッフは私に「急患です。診てください」と告げました。

院長の判断を仰ぐことなく、自分で時間外診療することを決めたのです。

何気ない日常のできごとですが、この言動には「ミッション」詰まっています。

これは当院の誇りであり、このスタッフは今でも当院を支えてくれています。


ミッションがあると、日々の活動のなかで優先順位をつけやすくなります。

このことについては、何度も説明してきましたね。

意思決定や行動決定がスムーズになることで、効率も良くします。

また、ミッションの強みは、自分が今なにをして、これからなにをすべきかが明確になる点です。

次のミッションが明確になると、ミッション達成のために、不足する知識を埋める学習や練習を始めるでしょう。

つまり、自分の考えで次のアクションを起こせるようになるのです。

どんな仕事にも活かすことができるミッション。

ミッションがあることで自分が優先するものや現状のスキルを把握できるようになるため、業務リストを日程ベースや月間ベース、年間ベースで作成することができるようになります。

どのような形でも良いのですが、自分ができること、すべきことを可視化してから仕事をすると、あなた自身の強みが次第に見えてくるでしょう。

すると、受け身の姿勢ではいられなくなってきます。

「教えてもらっていないからわからない」と立ち止まることなく、自発的に知るための行動を起こしたくなるはずですし、プラスアルファの知識や技術習得への意気込みも湧いてくるのです。

率先して行えることの幅が広がると、スタッフのためにできること、すべきこと、お客様のためにできること、すべきことに対しても気がつくようになり、機械的な「作業」だったことも、付加価値のある仕事に変わります。

次はどうしてあげれば良いだろう、どうすれば喜んでもらえるだろうと考えを展開して行動することにより、ますます活躍のシーンが増えていくでしょう。

郵便はがき

切手をお貼りください

106-8790
018

東京都港区西麻布3-24-17
広瀬ビル2F

株式会社
ヴォイス 出版事業部

1068790018　10

情報誌「Innervoice」を1年間無料進呈!

「Innervoice」購読用の会員登録を　□希望する　□希望しない　□登録済み

★「Innervoice」は当社からお客様への商品やセミナーなどの情報提供を目的としています。

お名前	フリガナ	男・女	会員番号
ご住所	〒□□□-□□□□ ※会員登録を希望されない方は、住所欄を空白にしてください。		
TEL		FAX	
携帯等		email	
生年月日(西暦)	年　月　日	年齢	
お買上書籍名			
購入した書店名(○○市△△書店またはインターネットサイト名)			

※ご記入いただいた個人情報はこの他の目的には一切利用しません。

読者アンケート

◆読みたい本のご希望など、皆様の声を「編集部」に届けられます。

①本書をどこで知りましたか?

□書店店頭
□Innervoice
□雑誌の記事など
□友人から聞いて
□インターネット

②本書について

内　　容……	□良い	□普通	□いまひとつ
デザイン……	□良い	□普通	□いまひとつ
本の大きさ……	□大きい	□普通	□小さい
価　　格……	□妥当	□高い	□安い

③今後扱って欲しい本のジャンルはありますか?

④最近読んだ中で印象に残った本は?(他社含む)

⑤本書をお読みになってのご感想は?

※弊社WEBサイトなどでご紹介する場合があります。ペンネームのご記入がない場合は、都道府県と年代、性別を表示します。
ペンネーム[　　　　　　　　　　]

このハガキで本のご注文ができます。 ※ご注文には表面のご記入が必要です。※別途送料が必要です。

書名		冊
書名		冊
書名		冊

お支払方法:代引　送料:一律648円(税込) ※一部、島部・郡部は1944円(税込)
※通常、お届けまで1週間前後かかります。

このように、自発的に行動できるようになり自信がつくと、より楽しい仕事を自分で見つけることができます。

なによりも、自分の強みを知ることで、他人との差別点が見えます。

他人との差別点を知ることでなにができるかというと、優先して補強する面を知ることができます。

それぞれに与えられた役職や役割のうち、必ずやらねばならないことや、スキルアップを目指すべきものがより明確になり、期限を加えることで成長を促すのです。

あなたがやらなくても良いこと、できないことについては、誰に任せるか明確にします。

「誰かのためのミッション」に沿えば、最良の人選ができるはずですよ。

すべてにおいて有能な人を志すのは立派です。

けれども、私は平均値に達した段階においては、やや劣った部分を補強することに時間をかけるよりも、突出している素材を優先的に補強していくほうが、イキイキと輝けると考えます。

今の自分にできることを、できる範囲で率先して行うことで、素材として持っていた強みの部分はより強まっていきます。

やや物足りない部分の補強も忘れてはいけませんが、どの程度の比重を置くかの違いです。

自発的な行動ができて、自身の強みを把握できる段階に達している人が、現状維持のままで終わらせる思考には至らないでしょう。

ミッション達成までに吸収したものはあなたの武器であり、鎧《よろい》になります。

ひとつのミッションを達成する頃には、次の成長したミッションも見えているでしょう。

サンタとオレのWAKUWAKUレッスン

居場所がないと感じるのは、あなたが居場所を間違えているから

自分の強みを知ることは、自分にしかできないことを知るということです。

これが自分の存在価値です。


メルヘンなことをたとえにしましょう。

暑い地域、寒い地域、森林地帯……。

様々な気候の土地ごとに、サンタクロースがいるとします。


暑い地域で活動するのに適した体質のサンタクロースが、寒い地域のプレゼントの配達を任されたら、その年のクリスマスプレゼントは、無事に配達されるでしょうか。

寒さに手がかじかみ、うまく煙突に入れないかもしれません……。

夜のうちに配達しなければならないプレゼントを、時間内に配りきれなければ、たくさんの子どもたちが悲しみます。


そのような悲劇を招かぬよう、サンタクロースたちはきっと、自分に適した地域を担当しています。

それが、サンタクロースとしての存在価値につながっていると思いませんか？

では私たちはどうでしょう。

それぞれが自分にしかできないことを知り、自分にしかできないことをする時間を確保すると、どのような集団が生まれると思いますか？

私の姪はフランスでホテルマンの勉強をしています。

同じホテルに勤めるスタッフでも、過去の経歴や、現在進行形で習得しようと思っているもの、人生のミッションが異なります。

けれどもホテルで働く以上は、ホテル経営上の「ミッション」を理解して、ホテル経営上のミッションと、そのミッションに沿った臨機応変さを求められることでしょう。

ホテルにはホスピタリティといった、ハイレベルな接客を求める宿泊客が多いため、スタッフに対するマニュアル指導は徹底して行われるそうです。

もしも姪がホテルスタッフとして働いているとすると、「マニュアル」に沿った接客や裏側での業務はできて当然の最低限のこととして教育を受けるのだと思います。

すると姪は、毎日「マニュアル」に従順なホテルスタッフとして仕事をするわけですが、初めは失敗します。

「マニュアル」を体に染み付かせるだけでも苦労が絶えないのです。

「マニュアル」を頭と体に叩き込み、自らのミッションを達成するための行動を選択するのは、至難の技かもしれません。

肉体的にも精神的にも疲労した状態でも、最高のパフォーマンスを提供できるようになるまでは、ホテルが掲げるミッションへの理解も霞んでしまうかもしれません。


おそらくですが、仕事や学校、スポーツ問わず、その場における自分の強みを知る前の段階で、「ここは自分の居場所ではない、力を発揮できる場所ではない」と、リタイア宣言してしまう人の数は少なくないと思います。

属する組織が掲げるミッションと自身のミッションが一致しているのにもかかわらず、疎外感を感じている人は、とても惜しい段階です。

マニュアルをこなすことをミッションとして見間違えているはずですから、思考の視野を広げ直してください。

ここで正しいミッションを見出せている人は、ミッション達成に向けた働きのなかで、今自分が自発的にできることを確認して、ホテルのミッション達成のための働きかけのなかで活かすことができます。たとえホテルが示すマニュアル行動が不完全なものであっても、あなたらしいプラスアルファで補えると考えるのです。

一流ホテルのスタッフには、最高級のホスピタリティと洗練した身のこなしを全員に期待してしまうかもしれません。

ホテル側としても、そうあるべきと教育をしています。

けれども、実際は、スタッフ間の人間関係や一個人レベルで検証すると、それぞれがパーフェクト超人なのではなく、常に自分ができることを伸ばし続ける努力をしているのだと想像できます。

個々ができることをレンガだとすると、スタッフ一人ひとりから集めることができるレンガの数は違うでしょう。

ですが、そのレンガをすべて積み重ねることで、ホテルという城を造って支えているのです。

レンガがひとつでも足りなければ、ホテルという城は崩落します。

差し出せるレンガの数が少ないと思うならば、増やすためにどうするべきか追加で考えてみてください。

つまり、ミッション探しです。

さて、せっかくのホテルの城ですが、スタッフのうちひとりでもミッションを見失ったり、ホテルスタッフとしての自覚ができていなければ、一流ホテルの品格は内部からあっという間に荒れてしまうでしょう。

これくらいでいいやと自分を甘やかして手を抜いている者は、ミッションに沿って仕事をするほかのスタッフから孤立してしまうことも、目に見えています。

一方で、技術や知識が未熟な新人でも、組織の一員である自覚を持ち、ホテルが掲げる「誰かのためのミッション」を理解して行動選択ができれば、手厚くサポートしてくれる先輩や上司に恵まれるでしょう。

「ここからここまでのことをやってみます」、「やらせてください」、「教えてください」と素直に物事を受け入れられる人は、しっかりとしたレンガをたくさん持てるでしょう。

まだひとつだけしか手にすることができなくても、そのレンガひとつで組織を支えることができます。

レンガの数にこだわらず、徐々に増やすことを楽しみながら、自信を持ってください。

レンガの「数」の多さが目的ではありません。「レンガの城」を造ることが目的でもありません。

「レンガの城でお客様にくつろいでいただくこと」が目的なのです。

今回は、「そこに居場所がないと感じる」原因は、自分のフィールドを知らないだけかもしれないというお話でした。

サンタとオレのWAKUWAKUレッスン

ミッションは伝染する。あなたから共有すると、職場が楽しくなる

誰かが頑張っているのを見ると、自分もがんばってみようと勇気が湧きませんか？スケッチブックに水彩絵具で風景画を描いている人を見て、私も絵を描いてみたいなと思ったり、かつて共に練習に励んでいたチームメートが現役で活躍しているのを知って、私も再チャレンジしてみようかなと触発されることがあります。

もちろん、なにかを継続している人はミッションを持っているはずです。それぞれが見出したミッションに沿って、日々の行動があり、結果につながるので、興味本位に道具や環境を揃えるだけではできるようになりません。

ときどき、眠っていた才能が開花するなど予期せぬ状況に遭遇するかもしれませんが、アテにして取り組みはじめる人はまれでしょう。

かなりの自信家か、うぬぼれ屋さんでなければ、「スゴイな」と思った人が歩んできたミッション達成までの過程を想像し、自分も同じように取り組めるかなと考えるはずです。

自信家うんぬんはともかく、このように日常のふとしたシーンで、誰かのミッションに触れて心動かされることがあります。

ふとした瞬間に伝わってくるミッションには、熱く深い想いが込められているのでしょうね。

私たちはこうした誰かのミッションに触れることで、幸福感や楽しさを感じています。

瞬間的に誰かのミッションを感じることができるということは、誰かに自分のミッションを伝えることも可能です。

実際に私の職場ではミッションの伝染により、着実に良い方向にクリニックとスタッフが成長しています。

ひとりのスタッフが仕事に対するミッションを見出し、自分にできることを自発的に考えて行動することによって、改善点や共有するべき良い点が私たちに見えてくるからです。


私の仕事は医療行為に値しますので患者さんを間違えるなどあってはなりません。

重大なミスを防止するために、受付だけでなく患者さんを誘導するスタッフ、診察をするドクターも患者さん本人であることを直接確認します。

病院に行くとしつこいくらい名前を確認されてイライラしてしまったことがある人もいるかもしれませんが、医療従事者として欠かせない確認事項なので、ご容赦いただきたいものです。

ですが、仕方がないから我慢してねというのはベストな回答ではありません。

「患者さんが毎日を健やかに楽しく過ごせるための医療」をミッションとする身ですから、「楽しくない」と感じさせることは改善しなければミッションは達成できません。

不完全な部分を改善するのは、経営者や上司にあたる権限を持った人だけの務めではありません。

新人スタッフでも、「患者さんが毎日を健やかに楽しく過ごせるための医療」というミッションに沿った、自分にできることを自発的に行っていけば、組織全体の改善につながる発見をすることができます。

あるスタッフは、患者さんを診察台に誘導する際、少しばかりの世間話を振って、患者さんの体調や緊張感を敏感に察します。

前回の会話内容もよく覚えており、はじめて対応する他のスタッフには「お花の話をすると会話が弾むよ」と助言をするため、同じような会話を蒸し返して患者さんを飽きさせることがなくなりました。

その患者さんからは、スタッフの誰とお話しても楽しいクリニックだと、感じていただけるようになりました。

患者さんの好みや人柄について、特記すべき点はカルテで共有できますが、日々の心の変化などは意識的に患者さんを気遣い、対話をしなければ見えてきません。

このスタッフは、患者さんの緊張を少しでもほぐしながら診察台に向かってもらおうと自発的に考え、実行していたのです。

些細な行動ですが、結果的に患者さんの心がほぐれていると、診察にあたるドクターも患者さんに対して親近感を抱くことができますし、より「患者さんにとってのベスト」を考えた治療法を考えることができます。

また、患者さんとの距離感にモヤモヤしていたスタッフにも、良い影響を与えました。

本当は人見知りだけど、人のためになる仕事をしたいと願い歯科衛生士を目指すスタッフは、「患者さんのための声かけ」ならば自分にもできると率先して行うようになり、今では患者さんに名前で呼ばれるムードメーカーです。

外から見ると小さな変化かもしれませんが、誰かから伝染するミッションがプラスに働き始めると、自然と全体に「共有」されるようになります。

そして、そのミッションに触れる人が、楽しい、嬉しいと感じるようになるものなのです。

私は、誰かを喜ばせるサンタクロースを、増やしたいと思っています。

サンタクロースからのプレゼントを、心待ちにしていた幼いときの、ワクワクやドキドキを、もっとたくさんの人に感じてほしい。

でも、たくさんの人にワクワクやドキドキを与えるのは、私ひとりの力では満足に行えません。

だから、まずは私がサンタクロースになり、共感してもらえた人に、新たなサンタクロースになってもらうのです。

ぜひ、「これは素晴らしいミッションだ、手本にしたい行動だ」と思ったことは、素直に受け入れて実践してみてください。

実践するあなたも、パフォーマンスを提供されるだれかも、見守る仲間も、キラキラ輝きはじめるかもしれません。

サンタとオレの WAKUWAKU レッスン

幸せになる13のキーワード［8］

［8］ 共有

新人スタッフの、「患者さんが毎日を健やかに楽しく過ごせるための医療」というミッションに沿った行動により、すべての人へミッションが共有されるようになった事例があります。

ある患者さんをはじめて対応するスタッフに、「お花の話をすると会話が弾むよ」と、情報共有を自発的にする新人スタッフがいました。おかげで、患者さんを飽きさせることがなくなりました。その患者さんからは、スタッフの誰とお話しても楽しいクリニックだと感じていただけるようになりました。

プラスのミッションが共有されると、ミッションに触れる人が、楽しい、嬉しいと感じるようになるものなのです。

Q 世界中にいるサンタクロースは、どうやって共有

意識を持つの？

A サンタクロースになるには、サンタクロース育成学校に通ったり、一般社会での研修が必須です。おもちゃのつくり方、ソリの乗り方、サンタクロースの挨拶の仕方など、たくさんの勉強を経て卒業します。すべてのサンタクロースが、サンタクロースとしての心構えを持って自立するわけです。そして、先輩サンタクロースが子どもたちのために頑張る姿を見ることで、自分磨きに精を出すのです。

でも、ときどきハメをはずしてしまうこともあります。配達を終えたらパーティーをしようと伝えたはずなのに、配達前に、パーティーを開いて酔っ払ってしまったサンタクロースがいます。

情報の共有もしっかりとしなければなりません。

ノンストップで駆け抜けたくなる瞬間は、ミッション発見の兆し？

自分が活躍できる場面を知り実績を積みはじめると、仕事や勉強、練習が楽しくて仕方ない気持ちになってきそうですね。

歩きたくて一生懸命練習していた子どもが、自分の足で歩きたいと駄々をこねるのと同じ気持ちなのでしょうか。

「ぼくは公園まで歩いていって、友達をつくる」という壮大なミッションを抱いているのかもしれませんね。

もしそうであれば、雨の日も雪の日も関係なく、公園へ行きたいとぐずるのも無理ありません。

単純なようで、奥深い想いが小さな胸に……。

突然なにが言いたいのかと聞かれる前にお答えしておきますと、ミッション達成に向かう過程の中で、24時間あることに集中したい！　没頭したい！　止まりたくない！　とスイッチが入るときがありますという話です。

数日前、電車のなかで、このような会話を耳にしました。

「隣の席の同僚が、仕事が好きすぎて休日出勤しているんだよ、意味がわからないな」

「たまにアルバイトをはじめたばかりの大学生が、仕事に目覚めてフルタイムでシフト入れちゃってさ、後になって単位落としそうだって騒ぐ事例に似てるね」


休みや給与に関係なく、打ち込めるなにかがあるのは素晴らしいことではありませんか。

会話のなかの同僚は、仕事の先にある「誰かのためになること」がどのようなものなのかを知っているから、休日出勤してまで仕事をしたいと思えるのでしょう。

人としてのミッションの先に、仕事でのミッションを見出して、仕事が生き甲斐になるという点において、私は「理解者」として話を展開したいと思います。


みなさんの中にも、休日出社はしなくても、オフタイムも仕事につながる勉強をしている人がいらっしゃるのではないでしょうか。

職務中にできない調べ物をしたり、自宅のＰＣで書類整理をしたりするのも、休日も仕事をしたい組のひとりとカウントしましょう。

休みの日も仕事したいという気持ちはわかりますが、だれかに強制するつもりも、させたこともありません。

昨今、過酷な労働条件に加え、十分な賃金を支払わないブラック企業にまつわるニュースが頻繁に報じられていますし、誰かひとりに無理をさせねばならない職場環境を放っておける性格ではありません。

院長として、患者さんに満足してもらえるクリニックにすることは最優先すべきミッションです。

では、患者さんに満足してもらうためには、なにが必要かと考えると、まずスタッフのことを優先すべきだと簡単に答えが出せます。


私は過去に掲げたミッションを達成し、新たなミッションに挑むことを繰り返すようになった結果、毎日をワクワク過ごせるようになりました。

このワクワクは、患者さんやスタッフ、家族や友人……可能な限り多くの人と共有したいと願っています。

そして、ワクワクする生活を自らの力で築き、シェアしたいと集まってきたスタッフに対しては、できる限りのサポートや経験を積める環境を提供します。

これも、院長である私のミッションのひとつです。


具体的にどのようなサポートをしているかについては、第4章で紹介したいのでここでは割愛させていただきますが、私の職場にも「休日も仕事がしたい」、「お金よりも仕事を優先したい」と申し出てくるスタッフがいました。

けれども、いくら本人が「無給でもいいから仕事をしたい」、「もっとスキルアップしたいから休み扱いでもいいから実働したい」と申し出てくれても、きちんと定められた通り休んでもらわないといけません。気持ちが昂ぶっていても、肉体の疲労をきちんと癒しておかないとヒューマンエラーが発生するリスクが高まります。

「扶養家族控除額の収入の範囲」というご家族とのお約束で勤務されているパートの方が、この範囲を超えそうになった際も、「お金はいらないから、シフトの回数を減らさないで」と懇願されたことがありました。

そんなわけにはいきません。

そこで、「休みはいらないからもっと働きたい」、「無給でいいから働きたい」という数人のスタッフに、なぜそこまでしてまで働きたいのかヒアリングをしました。

すると、現場に出てもっと勉強して、患者さんに満足してもらえるスタッフになりたいからだと言います。

また、この職場だからもっとこのクリニックを良くしたいと思えるし、そのために自分が成長しなくちゃと思っていると、とても嬉しい答えを聞くことができました。

スタッフにとって快適な職場環境をつくれたということは、素直に嬉しく思いますし、職場環境を整えるサポートをしてくれるスタッフ一人ひとりに感謝しています。

ですが、いくら本人の要望とはいえ、法で定められた労働条件を無視するわけにもいきません。

ここでまた、私の中のミッションが成長しました。

仕事をしながら成長したい、成長して仕事に活かして、誰かの役に立ちたいと願うスタッフに対する代案を提供する役割が与えられたのです。

経営者やリーダーに限らず、誰もが労働環境を整えるヒントを与えたり、実行することが可能であるという話は前項までにしてきました。

労働環境が整うと、そこで働くスタッフの意思統一につながり、ミッションに対する向上心が強く現れるのでしょう。

休みの日も仕事をしたがる人に出会ったら、職場の魅力について聞いてみてはいかがですか？

さぞ、素敵なミッションのもとにスタッフが集っているのでしょう。

追記で、「休みの日も仕事をしなければならない」のと、「休みの日も仕事をしたい」のでは大きな差がある点にご注意ください。

サンタとオレのWAKUWAKUレッスン

幸せになる13のキーワード［9］

［9］

発見

ふと、「自分はなんのために生きているんだろう」なんて思ったことはありませんか？

なんのために生きているか？　という問いかけの答えと「ミッション」は、実によく似ています。

ミッションが見つかると毎日が生き生きと楽しいものになりますし、見つからないと、どうにもやる気が起きない日々を過ごすことになりかねません。

つまり「発見する力」というのは、日々の幸せを左右する重要な能力なのです。

Q　サンタクロースは自分のミッションをどうやって発見しているの？

A　サンタクロースのミッションの発見方法はシンプルです。

サンタクロースの一族の子どもや、サンタクロースからもらった笑顔や夢を忘れられなかった人が、サンタクロースになります。

サンタクロースにしてもらって嬉しかったことを、自分もやりたいと願うようになったからです。

生きがいや、なすべきことは、サンタクロースだけでなく、周りの人が日々、教えてくれています。

なにを与えられ、どんなときに感謝をしたか。

してもらって嬉しいことを、サンタクロースは行動に移しているのです。

逆を言えば、サンタクロースは、されて嫌なことを他の人にしません。

サンタクロースのミッションの発見方法はシンプルです。

ミッションの積み重ねで「自分ブランド」が生まれる

ミッションを明確にした人が増えたり、明確なミッションを持った人が集うとなにが生まれるでしょう。チームに限らず、ミッションを明確にすることによりなにが生まれるのかについてまとめてみましょう。

まずミッションとして成り立つもの、優先することの最上位は「誰かのため」につながる使命です。利己的なミッションは、ミッションと呼べない。

判断基準として不完全であり、正しい選択ができなくなるということを述べてきました。

このミッションを見つけることができると、社会人としてのミッション、社会人になったときのミッションが導き出されます。

自分が仕事に関わる理由はなんなのか。

どうすれば「誰かのため」の働きかけができるのか、どのようなことを学び、考えれば良いのかという社会人としてのミッションです。

人によっては、このミッションを達成させるための、根源的なミッションも見つかるでしょう。

はじめは学生としてのミッションかもしれないし、新人スタッフとしてのミッションかもしれません。

すでにこの段階をクリアしている人から見ると、やさしいミッションかもしれませんが、ミッションの難易度が高ければ良いわけではありません。

重要なのは着実にミッションを達成して、次のミッションに挑むことです。

ミッションを積み重ねることで、人として正しいことを日々模索し実践できます。

心を高めることで、謙虚さや素直さ、感謝の気持ちを忘れずに誰かを思いやることを優先できます。

誰かのための行動には協調性や、責任を問われます。

規律を守りつつ、誰かのために足りないこと、改善すべきことを見つけ、自発的に改善行動に取り組めます。

小さなミッションを日常的にこなすうちに、一年後のあなたは周囲の人にとって、いなくてはならない存在になるでしょう。

一度クリアできたことは、次はスムーズに解決できますし、継続も習慣化させることが可能です。

たったひとりでも、どんなに小さな行動でもミッションに沿っていれば、間接的に社会貢献できます。

少し前の項では、ミッションから生まれた行動や思考をレンガにたとえました。

その例にならってあなたのレンガを毎日積み上げていくと、あなたのお城を造ることができます。

あなたが見出したミッションに基づく、あなたのお城が完成に近づくにつれ、たくさんの人がお城にやってくるでしょう。

そして集まってきた人が、あなたのお城に感銘を受けて、それぞれのレンガを持ち寄ってくれるようになると、お城はもっと大きく美しく、頑丈に補修されていきます。

さらにそのお城は造りながら修繕され続け、訪れる人にとって快適な場所になるのです。

メルヘンチックな例をあげてしまいましたが、ミッションの積み重ねでできるものは、「自分のブランド」です。

自分のお城でも良いですよ。

ただし、このブランドやお城は、あなたが玉座でふんぞり返って贅沢を極めるためのものではなく、「誰かを幸せにする」という最上位のミッションを達成するための、オリジナルブランドです。

当院ではミッションに沿って歯科医療をご提供しています。

これを実直に行うことで、周りに当院の「ブランド」として認識されます。

そうすると、このミッションに同調する方が当院に集います。

スタッフのひとりは、当院に入職するために北海道から上京しました。当院のスタッフは、北は北海道から南は九州まで、日本全国から集結しています。

誰かを幸せにする方法はいくつもあります。
なにを幸せと呼ぶかについても、いくつもの見解があるでしょう。
国や時代、環境が変われば人々が求める幸せの形が変わります。
なにを幸せと見極めるかも、あなたのミッションです。
だから、人は選択します。

自分を幸せにしてくれるブランドはどこにあるか、自分と近い考え方をしているブランドかどうかを、星の数ほどあるミッションによってつくられたブランドやお城を見ながら、厳選しているのです。

カフェをオープンさせたいと夢見る人が多いようですが、その分カフェは街中に数多く存在します。美味しいコーヒーやこだわりのインテリア、立地など、お客さん側が選択する要素はたくさんあります。オーナー厳選の要素を盛り込んだカフェが人気の秘訣と謳われるお店もありますが、もしもあなたがお客さんなら、カフェになにを求めますか？

ピンポイントのこだわりを追求するのも間違いではありません。

大衆に歓迎されるお店を目指すのも、間違いではありません。


たとえば、広告を出さないスターバックスが、多くの人々から他のコーヒーショップと区別して認識されているのはどうしてでしょうか。

それはパートナー（スターバックスではスタッフのことをパートナーと呼びます）一人ひとりが、ミッションを大切にしてひたむきに実行し、スターバックスの「ブランド」が滲み出るからです。


地域貢献、社会貢献、世界貢献、社会との関わりがミッションのなかにあり、ミッションはそれぞれのなかに生まれます。

このミッションを積み重ねていくのはあなた自身です。

あなただけのブランド、わたしだけのブランドをコラボさせて、新たなブランドを生み出すことも可能ですね。


ミッションは、なんらかの形で誰かにかかわって生まれ、道のりが見えるもの。

組織に属していなくても、みんなどこかでつながっています。

あなたのミッションは、どのようなブランドになりそうですか？

サンタとオレのWAKUWAKUレッスン

僕はあいつみたいにハッキリ物事が言えないし…
あいつみたいに言葉巧みに営業できないけど…
記憶力とか人の話を素直に受けとめるところは
誰にも負けない！って思ってる。
欠点があるからこそ長所に気付きやすくなるんじゃぞ。

第４章

あなたも
サンタクロースになろう

あなたが示す3つの基本が、信頼関係を築きあげる

同じミッションを共有する、心許せる仲間が身近にいるあなたは、とても輝いている人なのでしょう。ミッションを共有し、成果に集中すると、人間関係も良好になります。

誰かとミッションを共有するには、円滑なチームワークが求められることでしょう。ミッションを共有できていると、今、仲間がどんなサポートを望んでいるのか、次に仲間が起こすアクションはどんなことかを予測した行動ができるでしょう。

今すぐにできなくても、次の段階に進んだときの自分がどうあるべきか学ぶこともできるはずです。

仲間と阿吽《あうん》の呼吸で仕事ができると、とても気持ちが楽になります。

でも、こうしたときこそ、私は気をつけるべきだと忠告しています。

信頼関係が成り立つのは、人として当たり前のことができてこそ。

親しきなかにも礼儀ありというように、あなたが良好な関係に奢《おご》っているうちに、相手はなんらかの不快感を味わっているかもしれません。

少し悲しい話ですが、「大切だった」人っていませんか？

恋人、友人、家族、同僚……。

どのような関係でもかまいません。

信頼できる人が急に離れてしまい、理由がわからないまま疎遠になり関係が終わってしまった。

このような残念なお別れを経験をしたという人にお聞きしたいのですが、このとき、相手に対してどのような感情を抱きましたか？

「はっきり理由を教えてほしい」、「こっちは大切に思っていたのに」、「おとなげないやつだな」などでしょうか。でも、もしマイナスの感情を相手に向けてしまったとしても、これからは違った見方ができるようになるので安心してください。

今も答えがわからないままだという場合、今ある縁を大切にしてこれから気をつけていきましょう。

大切な人が急に自分から離れてしまったり、信頼関係に溝が生まれてしまったとき、相手を責めるのは幼い考え方です。

陰で悪口を広めるなんて、もってのほかですね。

どんなに素晴らしいミッションを掲げていたとしても、達成が遠退くだけです。

原因がはっきりしないまま急に疎遠になったり、関係が悪化した場合、まずはあなたの振る舞いを振り返ってください。

私は当院のスタッフに「大切な人・大切なことを大切にして、それからお仕事に専念してください」とお願いしています。

仕事に夢中になるあまりに、「大切ななにか」を疎かにしてしまい、振り返ったときに「大切ななにか」を失っていてはどうにもなりません。

「大切ななにか」は見えないところにあります。

「大切ななにか」は、見えないところで疎かにしたり、裏切ったりしたときに失うのです。

私の親しい友人には、とても仲のよい恋人がいました。

毎日、仲むつまじく連れ添っていました。

しかし、どうしても一緒にいられないときもありました。

そのとき、恋人は別の方と密会をくり返していました。

恋人は本当に友人のことを好きだったのです。

でも恋人は「大切な人」を失いました。

見えないときに、大切な人を大切にしなかった結末です。

信頼関係を築けていても、どちらか一方を信じられなくなったとき、信頼関係は消滅しますよね。

心や体を傷つけられたときも同様です。

逆説を唱えると、毎日毎晩あなたを大切にしていますと囁《ささや》かなくても、あることを常に意識していれば大切な人を失うことはありません。


そのあることとは、『幸せになる13の行動』の一部でもあります。

ひとつ目は「挨拶」。

幼稚園生でも先生や身近なおとなに言われている、人間関係の基本です。

ところが、立派なおとなだというのに、挨拶ができない人が目につくようになりました。

日本語は時間や季節、シーンに合わせたさまざまな挨拶があります。

これらを使いこなしなさいという話ではなく、基本の挨拶を疎かにするなと口を酸っぱくして言わせていただきます。


朝に会ったら「おはようございます」、昼間に会ったら「こんにちは」。

久々に会う相手なら、久しぶりですね、お元気ですかと加えても良いでしょう。

なぜ私が今さら「挨拶」について語るのかといいますと、挨拶をした・しないのいざこざからはじまる幼稚なトラブルをよく耳にするからです。

知人の会社のスタッフの仲が険悪になってしまったと相談を受けたとき、きっかけはなにかと問えば「挨拶をした・しない」から始まったのだと言われてビックリしました。

とくに日本は先輩・後輩や上司・部下の上下関係が色濃い環境が多いですから、挨拶は目下からという風潮も根強いのでしょう。

この件についても、私は少し違和感を覚えます。

挨拶は、今日もお世話になりますという気持ちを込めたり、労《ねぎら》いを表すものです。

たとえ相手が自分よりも下の役職者だとしても、お世話にならないんですか？　と首を捻《ひね》りたくなります。

当たり前のことですが、社会的地位と人間の価値とは、全く関係ないのです。

元スターバックスＣＥＯ、元THE BODY SHOP代表取締役社長の岩田松雄さんと、ある雨降る深夜に駐車場ですれ違ったときのことです。

岩田さんはわざわざ運転する自動車の窓を開けて、傘をさして歩いている私に挨拶をくださいました。

ただの挨拶かもしれませんが、私は岩田さんの人徳を強く感じました。

挨拶をしても無反応な仲間や上司って、誰だって嫌な気持ちになります。

それに、上の立場の人間から挨拶をきちんとすれば、わざわざ呼びかけをしなくても当たり前なこととして定着するでしょう。


相手と親しくなるほど挨拶が疎かになりがちなようですが、挨拶を疎かにする人は相手を不快にしています。

あなたは、きちんと挨拶できていますか？


ふたつ目は「約束」。

約束を守る、破らないというのも人として当たり前のことです。

大きな約束は、基本的に意識しなくても、自然と守られると思います。

それでもここで記すということは、軽率に破る人がいるということです。


ちょっと飲みにいこう、ちょっと電話するなどどんな些細な約束でも、事情があって守れないとわかった時点で一報を入れるのは、相手に迷惑をかけないための救済法のひとつです。できることなら、後日直接お詫びを述べるべきでしょう。

これが仕事の「契約」だったら大事です。

契約不履行で裁判沙汰も有り得るでしょう。


約束の重要性を相手によって変化させるのは、相手を軽視している証ではないでしょうか。

約束の大小問わず、だれかと交わした約束事には実行からキャンセルまで誠意を持って向き合うべきです。


どれだけ小さな約束でも、ドタキャンや自己的な理由で破られてしまうと、信頼することができなくなります。


小さな約束を守ることの積み重ねが、信頼関係を築きます。

もし約束が果たせないにしても、果たせない理由を相手に伝えましょう。

仲が良いからこの程度なら許されるという甘えは、相手を苦しめている確率が高いです。


3つ目は「感謝」。

はじめは腰を低く「すみません、恐れ入ります、ありがとうございます」と言っていた相手でも、慣れが感謝の気持ちを霞ませがちです。

この心が生まれる原因は「やってもらって当たり前」だという奢りと油断。

あなたに関わることに時間を割く相手のメリットはなんでしょう。

デメリットしかないけれど、好意で引き受けてくれる人もいたかもしれません。

そうした人に対して「感謝」の気持ちを抱かず言葉や態度に表すことなく接していたとしたら……。

答えはわかりますよね。


また、私は今までミッションに沿った行動をしなさい、考えなさいと言ってきました。

「感謝をされることをする」のはミッションではなく、ミッションについて考えて行動した結果のひとつに「感謝してもらえる」ことがあります。

そこで相手がしてくれることのなかに、「感謝すべき点を見つけて、感謝をする」能動行為も、信頼関係を維持するために大切なことです。


「挨拶」、「約束」、「感謝」。

このどれかが欠けると、信頼関係はあっさりと崩壊していくのでご注意を。

幸せになる13のキーワード［10］

［10］

挨拶

信頼関係を築けていても、どちらか一方を信じられなくなったとき、信頼関係は消滅しますよね。

心や体を傷つけられたときも同様です。

逆説を唱えると、毎日毎晩あなたを大切にしていますと囁かなくても、あることを常に意識していれば大切な人を失うことはありません。

相手と親しくなるほど挨拶が疎かになりがちなようですが、挨拶を疎かにする人は相手を不快にしています。

あなたは、きちんと挨拶できていますか？

Q なぜサンタクロースの挨拶は「hohoho」なのですか？

A サンタクロースが接する子どもたちは、世界各

国にいます。全員に挨拶をするためには、子どもたちにあった言語を習得しなければなりません。

でも、すべての国の言語をひとりのサンタクロースが習得するまでには時間がかかります。

そこで、サンタクロース語の合言葉、「hohoho」に誠意を込めて、挨拶として用いているのです。

たとえ言語が違っても、親密になりたいという気持ちが込められていれば、立派な挨拶になります。グローバルコミュニケーションを求められる時代に生きるあなたも、気持ちのこもった挨拶で、言語の壁を乗り越える一歩をふみ出しましょう。

幸せになる13のキーワード［11］

［11］
約束

「約束は守るためにある」なんて言葉を聞いたことはありませんか？

せっかく約束をしたのに守らなければ、相手を落胆させたり傷つけたりすることになり、それなら約束をしなかったほうがマシだった、なんて思ってしまいますよね。

約束は守らなければ意味がないどころか、守らないことでマイナスを生んでしまうものでもあるのです。

そんなふうにリスクを伴うこともある「約束」。ですが、ちゃんと守れば、大きな喜びや安心、幸せを連れてきます。

たくさんの幸せを約束をできる人は、覚悟をもって生きている人。サンタクロースはどうでしょう。

Q サンタクロースはどれくらいたくさんの約束を

しているの？

Ａ　その年にプレゼントを配達する地域に住む、子どもたちの人数だけでもたくさん。でも、それだけではありません。プレゼントを心待ちにする子どもたちの両親や、祖父母、ご近所の人々とも、必ず子どもたちを笑顔にさせますという約束をしています。

さらには、サンタクロース同士の約束事もたくさんあります。サンタクロースが、サンタクロースとしてふさわしくあるための、秘密の約束です。

「実はあの人、サンタクロースなんだよ」、なんて言う口が軽いサンタクロースはいませんよね。

サンタクロースは、たくさんの約束を守るからこそ、誰からも愛されるサンタクロースなのです。

約束は、誰かとの約束とは限りません。

自分との約束も、含まれているのです。

幸せになる13のキーワード［12］

［12］

感謝

幸せに包まれている人は、「感謝」の気持ちを伝えるのも上手です。

相手がしてくれたことを、謙虚に、素直に受け止めて、常に感謝の気持ちを忘れずに過ごしている人の周りには、幸せが集まっています。

感謝の気持ちは、口に出さないと相手に伝わりません。ぜひ、感謝の気持ちを「ありがとう」の言葉にしてください。

Q　サンタクロースは感謝の気持ちを、お金として受け取ってもらうことは絶対にないの？　給料がないのにどうやっておもちゃを用意するの？

A　サンタクロースの世界は、ありがとうの気持ちを受け取ると、サンタクロースコインに換金して通

貨として用いています。

また、現代では専業でいられなくなったサンタクロースがたくさんいます。サポートしてくれていた妖精たちを、都市開発や森林伐採で失ったからです。

そうしたサンタクロースは、サンタクロースであるために、一般社会に紛れて労働しています。そして、本来のサンタクロースと同様に、集めたありがとうをサンタクロースコインに換金して、他の地域の妖精を雇い、おもちゃの製造をしているのです。

「ありがとう」を素直に言える人になると、あなたもサンタクロースコインを貰えます。そのサンタクロースコインは、知らぬ間に誰かのために使われているので、気づかないだけでしょう。

感謝の気持ちはお金と同じように、いろいろな人から人へと巡るものなのです。

サンタとオレのWAKUWAKUレッスン

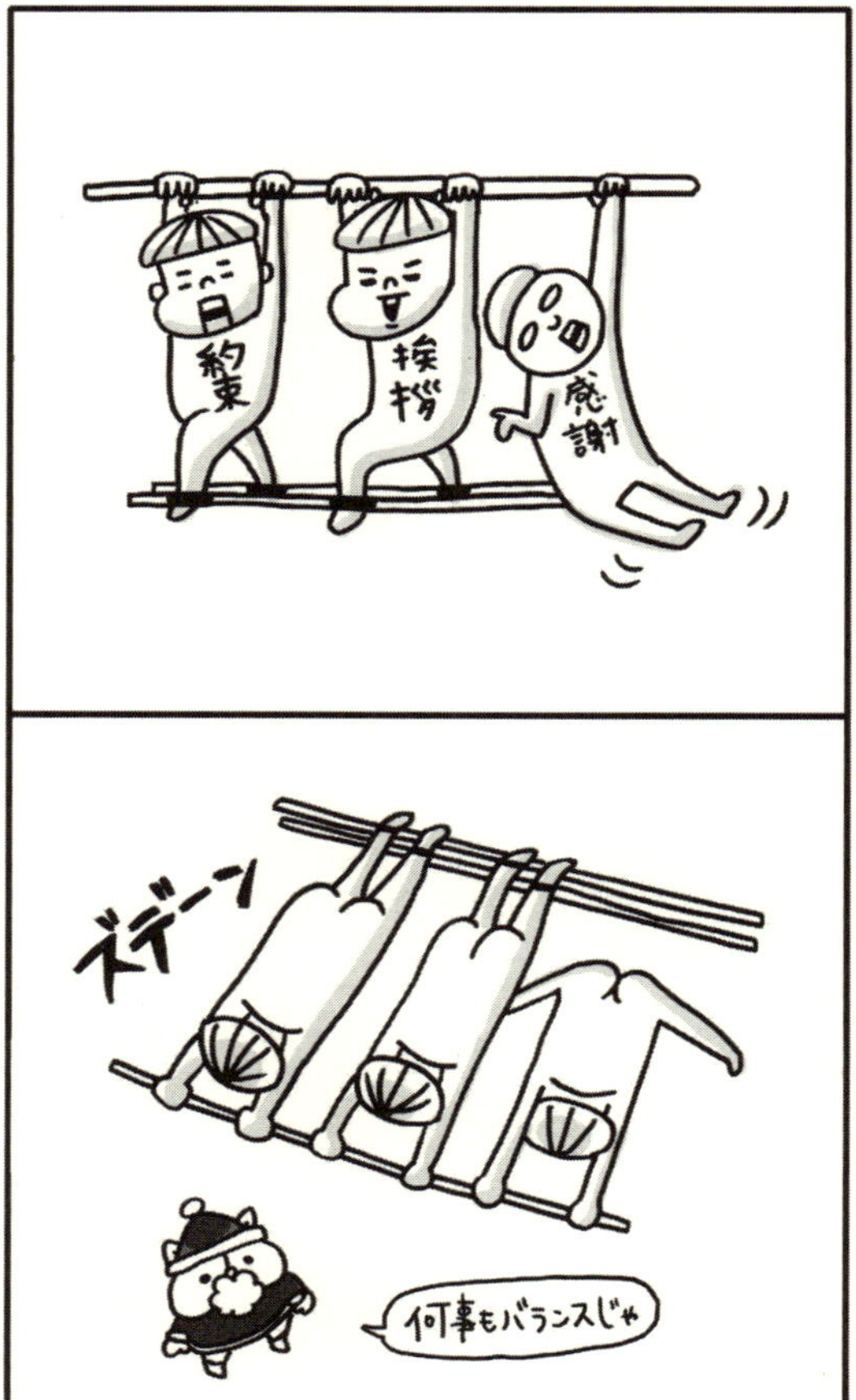

ありがとうカウンター

「挨拶」、「約束」、「感謝」の話をしたばかりですが、私はあることを続けているのでご紹介したいと思います。

実はポケットのなかに、「計数カウンター」を入れて持ち歩いているのです。

このカウンターは、交通調査をするときや、遊園地などで入場者数をカウントするときに使われている、指押し式の銀色の計数カウンターです。

この計数カウンターを使って、なにをカウントしていると思いますか？

正解は、「ありがとう」と言った回数です。

私はスタッフにありがとうと言うたびに、指でボタンを押してカウントしているのです。

「歯のセメント（接着剤）をとりました」とスタッフに言われたら、「ありがとう」と言って1カウント。

「型をとり終わりました」と言われたら、「ありがとう」と言ってまた1カウント。

「患者さんを診察台に案内しました」と言われたら、「ありがとう」と言ってさらに1カウント。

会話以外にも、受付のスタッフが患者さんに笑顔で接してくれたら「ありがとう」と言って1カウントします。

スタッフたちは、私がありがとうをカウントしているのを知っています。

ある日、「今日から計数カウンターで、ありがとうの数を数えるからね」とスタッフたちに宣言しました。

スタッフたちに、嫌な顔をされたり、呆れられたりするかもしれないと思いましたが、ひとりもそのような反応をする人はいませんでした。

私は以前から毎日欠かさず、何度も何度も「ありがとう」と言っていたので、スタッフにとっては自然なことだったのでしょう。

開始1日目、午前中の診療でのありがとうの数は38回でした。

それ以降、半日で平均40回前後の日が続きました。

ありがとうのカウントを始めると、今まで以上に、感謝の気持ちを伝えることを意識しはじめます。

そして驚くことに、私が今までに増してありがとうを言うようになると、スタッフたちも、患者さんにありがとうと言う回数が増えました。

すると、クリニック全体の雰囲気がとても良くなり、このクリニックはいいスタッフがたくさんいるよ」と口コミが広がるようになりました。

当クリニックには、他の医院から多くの見学者が訪れます。

その際、見学者は明るい雰囲気に大変驚くようで、「なぜこんなに雰囲気が良いのですか？」と質問されます。

そのたびに私は、「ありがとうの輪」に包まれているから雰囲気が良いのですと答えます。

ありがとうを数えはじめてから気づいたのですが、ありがとうカウンターがカウントしていたものは、ありがとうという「単語」ではなく、「ミッションを達成した数」。

心が込められていないありがとうが、「ありがとうカウンター」にカウントされても意味がありません。

今日も、「どれだけ心を込められたか」を自分で確認するために、「ありがとうカウンター」を使っているのです。

感謝を伝えるのはどこか気恥ずかしいと感じる人もいるようですが、言われると嬉しくなりますよね。

些細なことでも気づいてもらえたのだと知ると、もっとプラスアルファを提供して、誰かの役に立ちたいと前向きになれます。

「God is in the details（神は細部に宿る）」という言葉があります。

人の些細な行動を見つけて「ありがとう」を伝えましょう。
些細な行動は「ありがとう」により、大きな活力に成長します。

誰かを嫌な気持ちにさせることはせず、幸せな気持ちにさせることをしましょう。

ありがとうカウンターはいつでもどこでも、誰にでもできます。
変だなと思うかもしれませんが、試しにやってみてください。
思っているよりも言っているかもしれないし、まったく言っていないかもしれません。

サンタとオレのWAKUWAKUレッスン

僕は
ムネキュンカウンター
を、つくった。
001
水素水を飲むべっぴんちゃん♡
ムネキュン
カチッ
「002」
髪を結びなおすべっぴんちゃん♡
ムネキュン
カチッ
「003」
今日は35キュン♡
ときめきをありがとう

仲間に干渉しない。でも、いつも気にかけるスマートさを身につけよう

仲間が困っているとき、すぐに助け舟を出してしまうリーダーは「優しい人」でしょうか？

仲間が手助けを求めているときは、すっ飛んでいって助けてあげるべきだと思います。

でも、「困っているんだね！　貸してごらん。やってあげるよ！」と挑戦や思考の機会を奪っただけで、自己満足していませんか？


リーダー的立場にいると、仲間が小さなトラブルに見舞われている様子や、判断に迷っている様子が目に入ってきます。

きっと自分自身が経験して乗り越えてきたから、勘が働くのでしょう。

そのときの経験は、自分のなかでしっかりと土台になっているはずです。

つい助けてあげたくなりますが、ミッションを見出している仲間が秘めている力を見くびってはいけません。

ミッションに沿った判断、解決法を考える時間、試す時間も仲間にとって大切なプロセスなのです。

人は、経験からでしか学べないことが多くあります。

私は今まで、研究や業績・チャンスを多くの方に奪われました。

しかし、「漁夫の利」のように人の成果を我が物顔にする方々には、成長はありませんでした。

そして、私から奪えない物がひとつありました。

「経験」です。この「経験」が私を成長させてくれました。


たとえば、プライベートが不調そうな同僚が、浮かない顔をして出社してきたとしましょう。

頑張って笑顔でいようとしているみたいですが、張りを感じられません。

すぐにヒアリングするべきでしょうか。

この場合、双方の親密さによるところもありますが、同僚はこのとき、公私の切り替えをしようと必死に自分と戦っているかもしれません。

感情のコントロールは本人しかできないものです。

ちょっとした影響を与えることはできても、操縦桿を握るのは本人なのです。

ここでリーダーに必要なことは、「気にかける」こと。

本当に助けを要しているのか、話を聞いて欲しいのに言い出せないのかなど、相手にとってプラスになる動きのサインをよく観察するのです。

日頃から仲間と情報交換をしたり、個人的に仲良くするのも良いことです。

しかし、公私共に不要な干渉状態になっていないか、一歩引いて見定める力も、管理者として必須なスキルに値します。


リーダー的立場にいる人は、人材育成や組織づくりに携わる機会が増えてきます。

そこで担うべきは、いかに仲間が行動しやすい環境を確保するか、どうすれば自発的に取り組んでもらえるようなプランを提案できるかなどの裏方仕事。

いわゆるマネジメントの領域から、仲間を気にかける必要があるのです。

もっと細かい作業では、どのように評価をするか、誰にどの業務を指示するか、集団の目指すべき道をわかりやすく共有できるかなど、全体の理解度や進捗を見守る保護者のような役割と言い換えることができます。

リーダーは状況により、リーダーのスタイルを変える必要があるのです。


それぞれ自分にしかできないことがあり、それを見つけるには自分で考えなければいけません。

その機会を奪うリーダーは、「優しくない人」だと言えます。

リーダーは、本当のピンチが訪れる前に何気なく現れ、ことが済んだ後は現場から離れて見守るほうがいいのです。

いわゆる「おいしいところ」をさらっていく、かっこ良いカリスマになる必要はありません。

リーダーは手を挙げて就任するものではないでしょう。

周りの人々への良い影響力を持ち、将来における描いた絵を見せて、それに追従するフォローワーが現れたときに、はじめてリーダーになるのです。

社会的地位が高い人がリーダーになるとも限りません。

私生活であったなら、あなたの職場の上司についていきますか？

私は歯科医師会の有志からなる野球部に入っています。

それまでまったく経験がなく、40歳を超えて野球をはじめました。

メンバーは歯科医院の院長で、野球経験者が多く、歴史ある強豪チームです。

数年前、私はキャプテンに就任しました。

決して打撃が良いわけでもなく、守備が上手いわけでもありません。

チームに参加した頃は、ボールにバットを当てることさえもままならない状態でした。

ですから、チーム練習だけでなく、仕事の合間にトレーニングや素振りなどの自主練をして、パフォーマンスを高める努力をしました。

数年後に成果が出て、ある年は打率が8割を超えたこともありました。

メンバーからはチームの先頭に立ち、チームをけん引する姿勢が評価され、キャプテンに選んでもらいました。

チームは「ボス」を求めていたのではありません。

私は日頃診療で疲れが溜まっている先生方に対して、心身ともにリフレッシュしていただき、それぞれのクリニックが活気づき、患者さんの幸せにつながる治療を提供してもらうことをミッションに、キャプテンを務めさせていただいています。


同じ場所で毎日顔を合わせて、同じようなことをしている仲間だからといって、全員が同じレベルのなにかができるとは限りません。

辿《たど》ってきた経過が違うのですから、当然です。

同じ時間をかけて指導をしても、得意不得意に左右されることがあるだろうし、理解度の高さにも個人差が出てくるでしょう。

このようなことをふまえ、仲間と共同作業をするときは、各自の適性を考えた役割分担を考えますよね。走るのが苦手な人を駅伝の代表選手に指名することはないと思われますし、パソコンの基本操作に自信がないという人を、システム開発などの専門部署に配置することもないでしょう。

誰にでも、得意不得意、経験の有無、興味の有無、進捗速度の違いなど、個人差があり、その差は個性と呼べます。

料理は得意だけど片付けが苦手というのも、「らしさ」です。

全員がマルチタスクな存在でしたら非常に心強いですが、そうなると「自分がやらなくてもいいこと」と判断されることが増えそうです。

仮に全員がすべてのことを同じレベルでできたとしても、ロボットではないのですから「らしさ」が消えることはないと考えられます。

その日の体調や気持ちによってパフォーマンスが変化してしまいがちなのが人間です。

数字的な判断基準だけで人を割り振ることはできませんね。

さて、共同作業を常とする現場に身を置く場合、自然と仲間の「らしさ」が見えてくるでしょう。

仲間の良い点・悪い点、優れている点、苦手そうな点、すべてが揃って、「その人」です。

自分を含め、仲間のスキルを分析すると、「ここを補強したい」、「補強してあげたい」と思うポイントが見つかります。

全員が同レベル、同意識で挑まねばならない仕事は、全員の足並みが揃うまで辛抱強くレクチャーするべきです。

けれども、個別に割り振った仕事を各自が全力でこなし、あとで集約するような同時進行の共同作業の場合、弱点補強に時間を費やすタイミングはあまりありません。

優先することは、「らしさ」を活かすことです。


Aさんは勤続3年目で、得意とする仕事は「お口のクリーニング」です。「仮歯作り」については平均よりやや劣りながらも、少しずつ成長しています。

Bさんも勤続3年目で、得意とするのは「仮歯作り」。「お口のクリーニング」は少し苦手です。


この2人が同じクリニックで診療を行う場合、ドクターがAさんに「仮歯作り」、Bさんに「お口のクリーニング」をお願いすると、患者さんに対しての診療時間が長くなり、かつ良い結果に仕上がりません。

患者さんの満足度も、当然ながら下がってしまいます。

このような悲劇を迎えないためには、「らしさ」を理解し、その時々、適切な役割を与えることです。

強みは日常的に活かしてより強く、弱みは少しずつ補強する。

このような考え方で仲間と自分らしさを見せ合えると、無理なくステップアップすることができて楽しいですよね。

サンタとオレのWAKUWAKUレッスン

嫉妬は成長を止める。成功した人の「プロセス」を素直に褒めよう

ライバルがレギュラーに選ばれて、自分は補欠だったら、ちょっと悔しいなって思います。この気持ちは人間として素直な感情かもしれません。

誰もが心の奥に、自分が活躍する姿を思い描いてなにかに挑戦しているのだから。

キラキラ輝ける人と、シワシワになってしまう人の差は、その後の行動ひとつではっきりと現れます。

ライバルに、素直な気持ちで「おめでとう、頑張ってね」と言えるか、言えないかです。

悔しいなと思ったあと、レギュラーの発表までの道のりを思い返すことでしょう。

同じ練習量をこなしていたよね、自主練習もしたよねと、補欠の判断が下された理由を探りたくなる気持ちもわかります。

でも、目の前のライバル、仲間がレギュラーを獲得できた理由も探らなければ、その振り返り作業からミッションを見つけることは難しいのではないでしょうか。

どうして自分がレギュラーに選ばれなかったんだ、どうしてあいつなんだと、嫉妬をしてしまうおそれもありますね。

マイナスの感情を抱いていては、モチベーションも下がってしまいます。

そのようなことにならないよう、残念な結果を得たときは、成功した人から次に進むための鍵を見出してみましょう。

成功した人には、成功のプロセスが詰まっています。

同じ練習だけしているように見えたとしても、見えないところではみっちり練習をしていたかもしれない。

共に練習をはじめる以前から、レギュラー獲得へのプロセスをふんでいたのかもしれない。

表からでは見えないことまで探ろうとすれば、いくらでも成功者である所以を掘り出せます。

ある学会で、私の研究が優秀賞に選ばれました。

研究指導の（前出の）栗田教授は「宮本君は誰よりも一番多くの既存論文を読んで研究に取り組んだ」と、私の結果ではなく、プロセスを称えてくれました。

これは栗田教授から私への心の込もったメッセージです。

つまり、目に見える結果だけで評価するのでなく、私の隠れたところまで見ていてくれたのです。

ちょっとお試し感覚で参加した競技で、好成績を修めてしまう超人タイプも存在します。

長年その競技に時間と労力、気力を費やしてきた人から見れば、憎しみも覚えるかもしれません。

でも、超人にもできないことがあって、日々悩みながら特訓しているかもしれません。

一瞬で結果が出ることにも、それぞれに一瞬のための長いプロセスがあるのです。

そのことを想像して自分に置き換えると、「おめでとう」って言える気がしませんか？


一瞬の勝負に限らず、時間をかけて得た成功についても、素直に褒められる心を持っていたいです。

職場では誰かの成功や成長を目にすることがあるでしょう。

自分にとってはできて当たり前のことでも、別の人にとっては経験不足で難しいことなど山のようにあります。


誰かができるようになったことを、「できて当たり前」だと見下すのと、「できるようになったんだね、頑張ったね」と過程を褒める言葉があるのとでは、相手の印象が大きく変わります。

ひょっとすると、相手は「できて当たり前なのにできない」と焦っていたかもしれません。

そんな思いで、できるようになりたいと学んでいた時間はなかなか人に見られるものでも、評価されるものでもありません。

だからこそ、私は結果だけで判断せず、普段見えないところにも視点を広げて、成功した人のプロセスを褒めてあげたいと考えています。

「おめでとう」と言える結果でなくても、今日まで頑張ってきた軌跡を労うことができます。

たった一言でまた次に歩もうという気持ちになってもらえるなら、私も幸せです。

成功した人のプロセスを褒めることに引き続き、辞めていく仲間に対しても、プラスの捉え方を心がけてほしいと思います。

one… two…
three…. four… five
SIXパック!?

「辞めていく仲間」を大事にしよう

人生のミッションを果たすために、活躍の場を変える選択をする人が少なくありません。

一定期間同じ職場で働いていた仲間が転職することを報告したとき、あなたの周りの人はどのような反応をするでしょうか。

円満退社に向けたスムーズな引き継ぎができるように、仕事量や人事を調整したり、前向きな働きかけがありますか？

なかには、「裏切り者」という扱いをされるようになり、退職日まできつく当たられるような不穏な現場もあるそうです。

確かに、ひとりでも欠員が出ると、残りのスタッフが一時的に苦労するかもしれませんが、そうならないように前もって退職を伝える、常識を持った転職者が大半だと思います。

辞めることは雇用される側の権利ですから、雇用者側が無粋な振る舞いをするのはみっともないことですね。

辞めていく仲間については、苦い経験から学んだことがあります。

以前、感情の起伏がコントロールできないスタッフに、再三再四の指導で改善が見られないので、辞めていただくことがありました。

私はこのスタッフの進退について迷っていたため、退職について私から直接告げることができず、コンサルタントの方に告げてもらいました。

結果として、私が事情を説明するよりも先に事務的な通達が先行してしまい、そのスタッフには冷たい態度となってしまいました。

私は常に、判断は客観的に、行動は心を込めて行うようにしています。

しかし、このときはできませんでした。


そのやりとりを見ていた別のスタッフから、「万が一、私が退職しなくてはならないときは、院長先生から直接言ってください」と言われました。

そのとき、気づいたのです。

このスタッフは、辞めていったスタッフの姿を、自分とオーバーラップさせていることに。

以降、私は誓いました。

辞めていくスタッフに対して、最後の日まで安心して仕事に集中できる環境をつくること、感謝と労いを込めた手厚い旅立ちの日を用意しようと。

その後、私は自身のクリニックから、数人のスタッフを他所のクリニックに送り出しました。苦楽を共にした仲間がいなくなるのは寂しいですが、私は彼らの背中を笑顔で押すことができました。なぜなら、彼らはミッションを見つけることができるし、ミッションに沿った行動を実行することができるからです。

私たちと一緒に仕事をすることで、彼らはいくつかのミッションを達成し、次のミッションを達成するために新たなフィールドを求めました。

人生のミッションのなん割かを、共にクリアできたことは光栄なことです。

また、彼らのなかの基盤を一緒につくることができたのであれば、嬉しい限りです。

このクリニックで、これから先に積み上げるものをしっかりと支えていける自信をつけたということでしょうから、私も自信がつきます。

辞めていった仲間を「はい、さようなら」と突き放してしまう人たちは、なにか後ろめたさがあるのでしょうね。

仲間の成功を願えないのは悲しいことですし、どうして新しいステップを歩き出せたのかと、過去から現在までのプロセスを尊重してあげられないようでは、成長が見込めません。

伸び代がある人は、そうした人を置いてどんどん階段を昇っていきます。

成長する気持ちがある人には差し伸べられる手がありますが、なにもアクションを起こさない人にはラッキーも良縁も近寄りません。

辞めていく仲間を大切にすると、改善点も見えてきます。

彼らが次のミッションをこの場で目指せなかった理由を知ることで、より良い職場環境や空間づくりに活かせるのです。

辞めていく仲間から学んだことを形にしていくうちに、辞めた仲間が戻ってきたこともあります。

一度退職した職場に戻るのは、一般的には珍しいようですね。

でも、そのスタッフは堂々とした姿で戻ってきてくれました。

そのスタッフから話を聞くと、当初からリーダーシップを身に付けるための「丁稚」のつもりで、当院に復職する予定だったようです。

あるクリニックへリーダーとしてヘッドハンティングされたそうですが、そのスタッフはキャリアアップが目的だったので、はじめから了解を得ての２・５年の任期での就職でした。

その事情を私に伝えていなかったのは、「自分が成長しなかったら戻れない」環境にして、自分自身がリーダーシップを身につけることにコミットメントしたかったからです。

最初は私のクリニックでスキルアップをして、他院でさらに難易度の高いミッションをクリアしてパワーアップしたスタッフは、今こそ私の元で「患者さんを幸せにする」ミッションを果たしたいと申し出てくれたのです。

誰かを大切にする気持ちは、相手に必ず伝わります。

周りの人への感謝だけでなく、尊敬の念も忘れずに接することで良い縁が巡るのです。

縁を粗雑に扱う人は、相手からも粗雑に扱われてしまいます。因果応報、良くも悪くも、因果は実際に働きかけてくるものですね。

サンタとオレのWAKUWAKUレッスン

幸せになる13のキーワード［13］

［13］
蓄積

ミッションを積み重ねることで、人として正しいことを日々模索し実践できます。心を高めることで、謙虚さや素直さ、感謝の気持ちを忘れずに誰かを思いやることを優先できます。

誰かのための行動には協調性や、責任を問われます。規律を守りつつ、誰かのために足りないこと、改善すべきことを見つけ、自発的に改善行動に取り組めます。

一度クリアできたことは、次はスムーズに解決できますし、習慣化させることが可能です。どんなに小さな行動でもミッションに沿っていれば、間接的に社会貢献できます。

Q 子どもたちについての蓄積された情報は、クリスマスが終わったあと、どうしているの？

A　毎年、膨大な量の情報がサンタクロースの国には集まります。子どもたちの名前や年齢、性別に住所、さらには住んでいる家の間取りに、寝ている部屋の家具の配置まで。

こうした情報は、サンタクロースの国でデータ管理され、年齢や性別、住んでいる地域によってどんなプレゼントが好まれるかなど、マーケティングに活かされています。そうでないと、おもちゃの材料集めの目安に困ってしまうからです。なによりも、子どもたちが望むプレゼントを、より正確に把握するためには必要なシステムです。

データを管理する場所は、氷の大地の奥深く。サンタクロースの長老が許可したサンタクロースだけが入ることができます。

すべては子どもたちの笑顔のために蓄積された情報と、伝統なのです。

チャレンジ予算でチャレンジ促進

今の私のミッションは、「医療を通じて患者さんに健康で楽しい生活を提供すること」です。そのために歯科医としてクリニックや大学病院で治療を承り、学生たちには医療の理念・ミッションや現場のノウハウや、専門知識を教えています。

専門職を目指したからには、専門知識を後輩に伝え、医療発展に貢献することも患者さんのためにつながります。

主に第3章で綴りましたが、リーダー的立場にいる人は、現場から一歩下がった場所で仲間をサポートする役目を負う機会が増えます。

そして、相手が気持ち良く仕事をするにはなにをするべきかを考え、成長を促すにはどんな環境を整えれば良いのかと気を使っていることでしょう。

「なぜうちのスタッフは休日も仕事をしたがるのか」について述べた項では、職場環境について記しました。

今さらですが、ここでは休日出勤したがるスタッフへの対応について、ネタばらしをしたいと思います。

全員で目指すミッションに賛同し、ミッション達成のための礎になりたいと頑張ってくれるスタッフには、感謝しても感謝しきれません。

ひとりでなし得ることと、そうでないことが世の中にはたくさんあり、私が目指すことはひとりでは達成できません。

よって、支えてくれる仲間は本当に宝物です。

さて、私は、ミッション達成のために、「無給でもいいから仕事がしたい」、「実務経験を積み、知識や技術を磨いて即戦力になりたい」と申し出てくれるスタッフの意気込みを、無駄にすることなど考えられませんでした。

どうしたものか、しばらく考えました。

スタッフのスキルアップについては、以前からクリニック内で様々な催し物を企画したり、ワークショップ作業からマーケング感覚を養う体験をしてもらったりと、楽しく学ぶことを意識した勉強会を設けてきました。

学術的な指導も行いますが、一人ひとり学ぶべきことが違うという性質もあり、足並を揃えることが難しいなと思うものがあったのですが、ついに、個々が必要とする学びをサポートするシステムを閃《ひらめ》いたのです。

その名も「チャレンジ予算でチャレンジ促進」。

このプランはスタッフ全員を対象にしており、セルフマネジメントによるスキルアップやリフレッシュなどに活用してもらう予算を用意するものです。

一流のホスピタリティを学ぶために、一流ホテルでの宿泊や一流レストランでのお食事を通して経験してもらうのもいいでしょう。

メンタルコンディションを整えるためのリフレッシュや美容に利用してもらってもかまいません。

ドレスを購入したスタッフもいました。

ただし、「チャレンジ予算を利用してこうなります！」と宣言してもらうことと、実際にチャレンジしてもらうことが条件です。

個人の成長のために、ゲストになりながら「キャスト思考」を意識してほしいのです。

休日はプライベートの時間ですから、時間の使い方には干渉しません。

その代わり、間接的にミッション達成の手助けをすることはできます。

このチャレンジ予算の10％は、寄付行為に使ってもらっています。

私たち医療人はＮＰＯ的な側面もあります。

寄付行為により、ＮＰＯ的な視野を広げることができるのです。


このチャレンジ予算の他に、チームごとに分かれて飲食店経営シミュレーションを行ったこともあります。

仮想店舗を立地から顧客層、１日あたりのコストを想定し、３週間かけてシミュレーションし、マネジメント感覚やマーケティング感覚をつかんでもらったのです。

ゲーム感覚で学ぶことで、楽しくクリニック全体の流れを把握してもらい、クリニック運営の一員であることに自信を持ってもらえました。

いちスタッフとしては見えない部分もクリアにすると、スタッフも動きやすくなります。

少し変わり種の企画ですが、皆さんもミッションを主体とした思考を日常化させると、職場やスタッフの個性を考慮した画期的なサポートの仕方を見つけることができるでしょう。


できることをできる限り尽くしてもらえるスタッフと環境に感謝を込めて、もっと楽しく、もっとワクワクした毎日を誰かに提供しましょう。

サンタとオレのWAKUWAKUレッスン

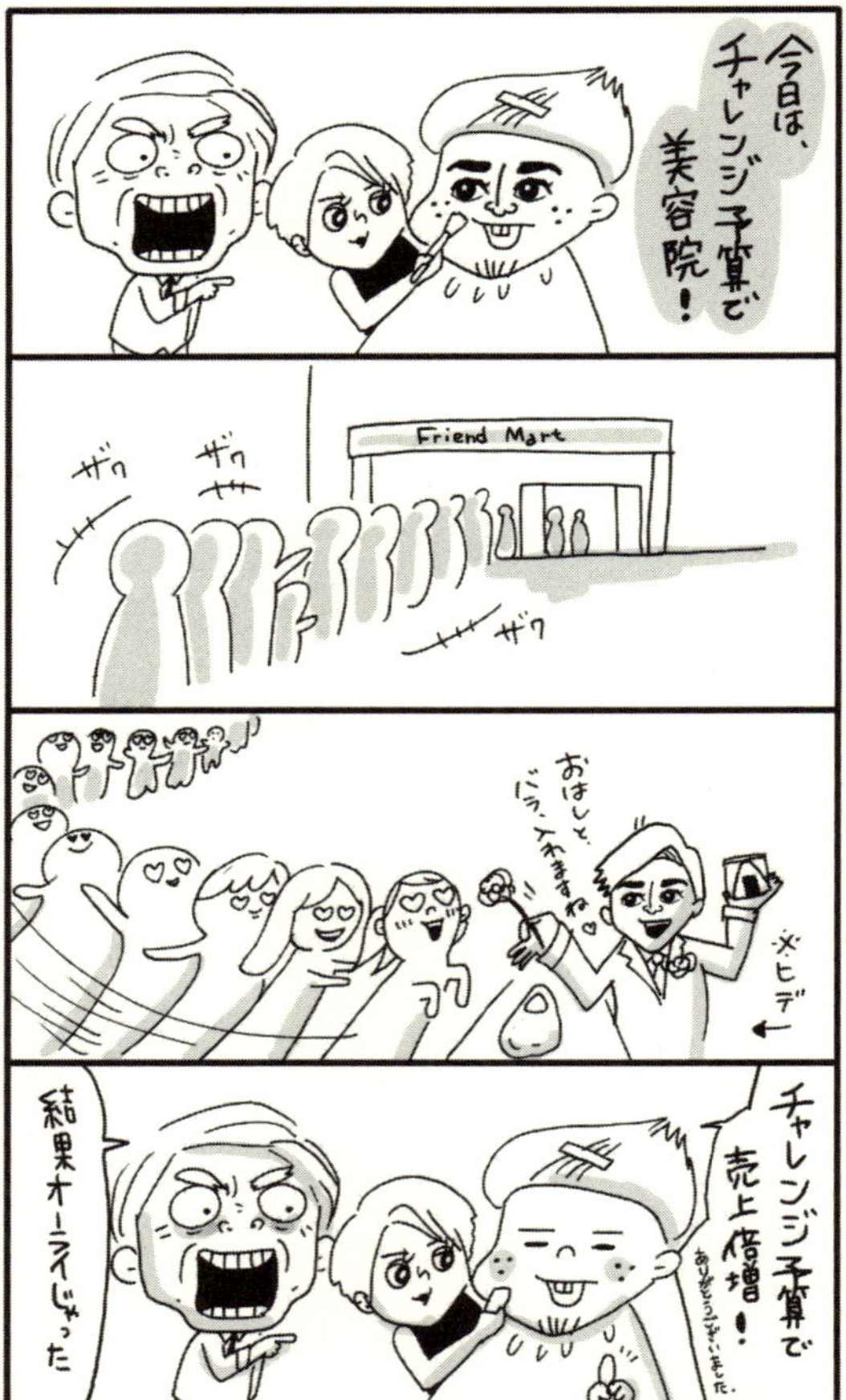

あとがき

サンタクロース1億人計画

たとえば、あなたが、コンビニでお茶のペットボトルを購入するとします。

そのとき、お店の棚に、商品ラベルのない裸のペットボトルと、ラベルのあるものが並んでいたら、あなたはどちらを購入しますか？

聞くまでもありませんが、ラベルのない裸のペットボトルは購入しませんよね？

製造日も賞味期限もわからないし、なにが入っているかもわからない。

どんな味で、どんな素材かもわからない、そんな怪しい飲み物を選ぶ人はいません。

安心して飲めるような商品名があり、会社名、成分表示、賞味期限などが表示されたラベルがあって、はじめて人は購買意欲を刺激されます。

さらに、ラベルがあっても厳しい競争が待っています。

日本では様々なメーカーから、多くの種類のお茶が販売されています。

「有名なお茶飲料メーカーと言えば？」と聞かれたら、サントリー、伊藤園、アサヒ飲料、キリンビバレッジ……。

すぐさま多くの社名が浮かびますよね。

さらに、緑茶、紅茶、ほうじ茶に麦茶、ウーロン茶と、お茶の種類も数え切れません。

かく言う私が身を置く歯科業界も、現在、国内だけでも約10万人の歯科医師がいます。

また、歯科医院は約6万件と林立し、ほとんど差別化がなされていない状況です。

そのなかから、年間約4千件の歯科医院が閉院します。

開院するには、多額の費用がかかりますが、「どこに行っても一緒」と思われてしまう医院は、当然ながら生き残っていくことはできません。

わずか1年後に倒産する医院が、多く存在しているのです。

そもそも、虫歯で穴があいている歯を、単に埋めるだけが歯科医療ではありません。

そんな医院はすぐになくなるでしょう。

商品もサービスも同じです。お客さんは、安心して食べられる商品を購入したいと考えていますし、患者さんは安心して治してもらえる病院に行きたいのです。

ただ、「病院」とだけ看板が掲げられている病院にはなかなか行く気になれません。

歯科医療を通して、その人に良い変化をもたらせ、その人の人生を輝かせるのです。

そのために、患者さんそれぞれに合ったプラスアルファを提案するのです。


異なる一人ひとりには、違った人生と、ふさわしい輝き方があります。

それを実現するのが、当院です。

また、私が行えることは、診療に限ったことではないと考え、それらも実行に移すことを心がけています。


東日本大震災後は、物質不足が続きました。

そんななか、あるご婦人から「数日後に孫の誕生日会があるけど、孫の大好きなミルクが手に入らなくて困っている」と聞きました。

そこで、診療後、市内の小売店を歩いて一軒一軒まわりました。

そして数十件まわったあと、あるお店でミルクを購入することができました。

お孫さんの誕生日会は無事に行われ、お孫さんは喜んでミルクを召し上がったようです。

どんな状況でも、思いは届きます。

またこれをきっかけにできた患者さんとの信頼関係は強く、その後、ご婦人は絶えることなくメンテナンスに通ってくださっています。

自分が誰かのためにできることは、身近なところにたくさんあります。

どのようなサービスやパフォーマンスを提供すれば、相手が喜ぶか。

それを考え、最上のものを提供できる人は、サンタクロースになれます。

人の心をつかむためには、その人の目線になって考えて、実行し続けるのです。

あなたには、あなたにしかしかできないミッションがあり、それが誰かに伝染して共有されると、ひとりのサンタクロースから1億人のサンタクロースが生まれます。

だけど、サンタクロースは一人ひとり違う人格を持っています。

唯一無二の存在であるからこそ、ほかのサンタクロースの心を満たすことができるのです。

そして、誰かのキラキラした心があなたへの対価に変わり、ワクワクの輪があなたの周りを包んでくれます。

サンタクロースが配達料をとらない理由。その答えはもう、見えたことでしょう。

そして、毎日がもっと、ワクワクし、キラキラと輝き出すために欠かせないものがなにであるかということの答えも。

さあ、今、この瞬間から、「誰かのため」のミッションを原動力に、あなたもサンタクロースになっていきましょう。

サンタとオレのWAKUWAKUレッスン

たくさんの選択肢がある中。べっぴんちゃんは誰を選ぶ?
俺のほうが君が好きだ!!
性格
幸せにするよ。
性格
キュ キュ
性格
パカッ
僕!?

うまくいきすぎて
ちょっとヘコむ。
ミッションは
終わらん
次のミッション！
べっぴんちゃんを
幸せにする！
わしの女だっ
お姉さん
キレイですね
ポッ ポッ

［著者］
宮本日出　Hizuru Miyamoto
歯科医師・歯学博士、幸町歯科口腔外科医院・院長、日本顎関節学会・代議員・指導医・専門医、厚生労働省認定歯科医師卒後臨床研修指導医教官、その他、大学・学校の教官職等多数。1965年、石川県金沢市に三人兄弟の末っ子として生まれ、幼少期、兄弟の中で自分だけ学習机を買ってもらえずに育つ。学生時代は常に「どうしたら女の子にモテるのか」ということを考えながら過ごしており、あるとき、オープンカーに乗って、女の子に囲まれた生活をイメージできたため、「歯科医師になろう」と決意。その不純すぎる動機から猛勉強を始め、愛知学院大学歯学部に合格。のちに歯科医師免許取得。現在では、国内外に160篇以上の論文を発表、複数のメディアにも登場するカリスマ歯科医となる。自分のクリニックでスタッフ向けに行ったミッションについてのレクチャーが話題を呼び、歯科業界のサンタという異名を持つようになる。

本文イラスト　ちゃず
カバー表1イラスト　吉家千陽
カバー表4イラスト　あめみや・滋

出版プロデュース　株式会社天才工場　吉田浩
編集協力　松本希利子

サンタはなぜ配達料をとらないのか?　**仕事をワクワクさせる13のミッション**

2016年11月28日　初版　発行

著　者　宮本日出
装　幀　松本えつを（WomanCreatorsBank）
発行者　大森浩司
発行所　株式会社 ヴォイス　出版事業部
〒106-0031　東京都港区西麻布3-24-17 広瀬ビル
☎03-5474-5777（代表）
☎03-3408-7473（編集）
FAX 03-5411-1939
http://www.voice-inc.co.jp/
印刷・製本　株式会社光邦

ISBN978-4-89976-458-8

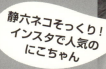

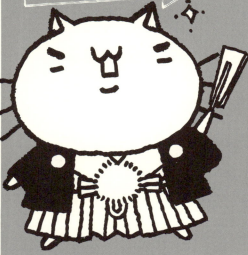

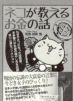